融合型·新形态教材
复旦学前云平台 fudanxueqian.com

U0710842

普通高等学校学前教育专业系列教材

幼儿舞蹈创作实用教程

（第二版）

主　编　张春河

副主编　魏振雷　马　斌　史　军　张　婧

编　委　张春河　魏振雷　马　斌　史　军
　　　　张　婧　濮米娜　张　雯　崔　琰
　　　　吴雪影　付金艳　曹　磊

复旦大学出版社

内容提要

本书是一部幼儿舞蹈创作实用教程，围绕幼儿舞蹈编导在创作中所遇到的难题、必备的修养以及幼儿舞蹈编导的基础知识、概念、方法、审美、鉴赏等内容进行了有效的引导和科学的阐述。

全书共分为5章：幼儿舞蹈概述、幼儿舞蹈编导基础知识、自娱性幼儿舞蹈创作方法、表演性幼儿舞蹈创作方法、全国大赛优秀幼儿舞蹈作品鉴赏。系统、全面、科学地对幼儿舞蹈艺术进行了阐述，涵盖了3~6岁年龄段舞蹈艺术创作理论与方法。

为了突出本教材的专业特性，随文添加了许多幅精选出的相关图片，包括舞步动作分解图、舞台调度图等，使内容更为直观形象。每章后的"本章习题"旨在便于教师教学和学生学习时掌握该章的重点和难点。本书适用于幼儿师范院校学前教育专业学生以及幼儿园、社会幼儿艺术团等幼儿舞蹈教学和创作团体使用。本书配有舞蹈鉴赏教学课件供教学老师使用。

为方便教师备课和教学，本教材配有PPT教学课件及部分幼儿舞蹈鉴赏课例视频，相关教学资源可在封底"幼师宝"云平台下载免费使用。

前　言

　　幼儿是祖国之花朵、民族之希望、世界之未来。幼儿舞蹈根植于民族艺术和幼儿生活的沃土中,在我国艺术百花园中独树一帜,格外引人喜爱。它像一朵朵洁白的浪花,透露出无比的纯美,闪烁着绚丽的光彩。它用不竭的"生命之泉",涓涓不息地流遍中国大地、流向未来。幼儿舞蹈艺术通过3～6岁孩子的身体,表现了幼儿舞蹈的审美,在韵律和形体节奏的糅合中,展示了孩子们奇特多彩的思想感情,让他们在身心自娱自乐的过程中得到美的享受,这是学前幼儿教育门类中集内涵外延于一体的理想的美育教育形式。幼儿舞蹈创作是学前教育中一个不可缺少的组成部分,它对幼儿身心的健康、情操的陶冶和智力的开发都有着重要的作用。随着社会的发展,幼儿舞蹈得到了教育界和整个社会的日益重视,它凝聚着社会和人们的美好祝愿,时代呼唤优秀的幼儿舞蹈作品,这需要培养一批有精品意识的幼儿舞蹈编导。

　　本教材作者围绕幼儿舞蹈编导在创作中所遇到的难题和必须具备的修养以及创编幼儿舞蹈应具备的常识、概念、方法、审美、鉴赏等方面进行了有效的梳理,对幼儿舞蹈作品选材、主题、内容、结构、表现手法、舞蹈动作语汇、音乐、舞美等要素进行了比较深刻、细致的分析和讲解。

　　本教材第一版是在张春河2004年编著的《儿童舞蹈创编教》一书的基础上,由张春河、魏振雷、张婧、马斌等重新改写,并倾注了编写人员的大量心血。经过几年的教学实践,作者在第一版的基础上进行了重新修订,增添了部分新的课例内容。本书从幼儿舞蹈知识、幼儿舞蹈编导常识、幼儿舞蹈编舞技法、优秀幼儿舞蹈作品实例和鉴赏及未来发展等方面进行了论述和讲解,有理论、有实践。当然,由于时间紧,书中不足之处还恳请同仁们批评指正。

编者

2017 年 11 月

目　录

第三章　自娱性幼儿舞蹈创作方法 ……………………………… 49

第一章

幼儿舞蹈概述

内容导读

本章主要讲述幼儿舞蹈编导应该掌握的幼儿舞蹈的基本概念和美学知识,如简述幼儿舞蹈、幼儿舞蹈分类、幼儿舞蹈的表演形式、幼儿舞蹈的独特美学价值、幼儿舞蹈的表演与审美、幼儿舞蹈的美育功能等内容。

本章重点和难点

1. 了解幼儿舞蹈的基本概念、分类和表演形式。
2. 发现幼儿舞蹈的独特价值。
3. 掌握幼儿舞蹈的美育价值和功能。

幼儿舞蹈是一个五彩缤纷、丰富多彩的世界,是最灿烂、最充盈、最生动的生命活动之一。它凭借幼儿身心的个性描述自己眼中的世界,是幼儿生活最直接的倾诉和表达,更是一种生命的创新和超越。在这个世界里,幼儿舞蹈以其神奇的想象、美妙的意境、生动的形象、真挚的情感把孩子们带进了一座艺术的殿堂,使他们在趣味高尚的氛围中受到教育、得到启迪,从而促进孩子们的身心健康、全面发展。而且从整个幼儿舞蹈事业的发展来看,它是一项面向未来、功在千秋的工程,也是具有战略意义的一项基础工程。

第一节　幼儿舞蹈基础理论

一、简述幼儿舞蹈

当前,幼儿舞蹈艺术呈现一片蓬蓬勃勃、形势喜人的欣荣气象。幼儿舞蹈是我国社会主义舞蹈艺术的重要组成部分,它有自己的对象和创作规律,它的美学价值、教育体系、理论体系等相对独立,是其他舞蹈艺术门类不能替代的,在社会中有着重要的作用。我国著名幼儿舞蹈专家杨书明是这样概括的:"幼儿舞蹈泛指幼儿表演的或表现幼儿生活的舞蹈,是对幼儿德智体美教育的重要手段。其特点是边歌边舞,可以反映广阔的幼儿社会生活内容,易于幼儿理解和接受。幼儿舞蹈形式比较多样,在幼儿园里有律动、音乐游戏、集体舞、歌表演、小歌舞、歌舞剧、童话舞剧等形式,是向学龄前幼儿进行智力教育和情操教育的一门主课。孩子们通过表演舞蹈能够自觉地接受舞蹈艺术美德教育和熏陶。通过幼儿舞蹈培养幼儿动作协调的能力,以及团结友爱、文明礼貌的好习惯等。"

幼儿舞蹈是以幼儿的年龄特点为依据,为他们的成长需要而贡献的精神食粮。一个孩子的健康成长不仅需要大量的物质营养作为身体成长发育的动力,而且需要吸收大量的知识丰富自己头脑,还需要用美来陶冶性情,调节人格的全面发展,以这些作为心理发展、社会发展的实践的和精神的动力。因而,幼儿舞蹈具有以下几个方面的功能:教育作用、愉悦情性、开启智力、健全幼儿人格等。幼儿舞蹈艺术作为审美教育的一个主要组成部分,和其他艺术一样能够陶冶孩子的心灵,提高孩子的思想境界。幼儿舞蹈对孩子的思想意识的感化作用是潜移默化的,同时又是强烈鲜明的,震撼心灵的。

幼儿舞蹈是幼儿心灵深处的情感表白,它所构成的童心世界是孩子艺术思想及其情感内涵的载体。幼儿舞蹈是属于幼儿自己的,是表现他们崇高的精神面貌和道德的,是为幼儿服务的。我们可以概括为:幼儿舞蹈是舞蹈的一个类别,舞蹈内容多数是表现的幼儿生活、情趣爱好等,是对幼儿进行德、智、体、美等综合教育的手段之一。

(一)幼儿舞蹈的概念

广义的概念上来讲,凡属于幼儿参与的各种舞蹈活动,都属于幼儿舞蹈的范畴。幼儿这一阶段涵盖 3～6 岁的孩子,该年龄阶段孩子的特点是思维跳跃、兴趣广泛、善于模仿、天真活泼、富于幻想、动作表情乖巧、节奏缓慢、注意力不易集中以及记忆力不易持久等。

幼儿舞蹈是以幼儿语言、表演、音乐和舞美相结合的综合手段,是幼儿乐于接受的一种教育方式,它的好处在于让幼儿在欢乐当中不知不觉地受到教育,主动地把自己的感情同表现对象的命运联系起来,使教育深入到孩子们的心灵底层。幼儿舞蹈艺术教育形象生动,具有吸引力和感染力,可以开发幼儿智力、思维想象力、创造性、记忆力等,能够培养幼儿对人体美和时、空、力的感受。它可以有效地发展孩子的节奏、重心、平衡、控制、协调、乐感等机能锻炼,对幼儿的身心成长大有益处,对幼儿智力的发展必不可少。

(二)新时期幼儿舞蹈的发展

我国的幼儿舞蹈艺术是社会主义舞蹈艺术的一个重要组成部分,它孕育于中华民族文化艺术的"母体"之中,经过 20 世纪 80～90 年代广大幼儿舞蹈艺术家的悉心耕耘,最终成长为一个独立的舞蹈学科。进入新的历史时期,我国幼儿舞蹈得到空前普及,呈现出前所未有的勃勃生机和发展势头。在我们民族艺术泉水的浇灌和真善美种子的播撒下,在祖国广阔的土地上,幼儿舞蹈艺术之花开得鲜艳夺目、绚烂多姿,它伴随着共和国的孩子们一起成长、成熟,同繁花似锦的中华各民族艺术一起传递着人类文明的薪火。随着时代的发展和社会的进步,幼儿舞蹈的表演队伍愈发成熟,也拥有着一批实力雄厚的教师队伍和创编队伍,其理论、教学、创作、表演已成为相互贯通的体系,为完善专业机制和建立个性学科奠定了坚实的基础,幼儿舞蹈事业也呈现出空前繁荣的局面。

目前,为推进幼儿素质教育,繁荣幼儿舞蹈事业,充分展示和交流近年来幼儿舞蹈的创作成果。由中宣部批准、中国舞蹈家协会主办的全国性舞蹈活动"小荷风采"舞蹈大赛和中国教育协会举办的"魅力校园"舞蹈大赛、"CCTV"电视舞蹈大赛等,都为幼儿舞蹈搭建了展示平台。每次比赛和展演都会涌现出一批优秀的幼儿舞蹈作品和编导,为幼儿舞蹈的宣传和普及提供了很好的平台。目前,全国各级电视台以及新闻媒体、北京舞蹈学院考级教育学院、幼儿舞蹈学会、中国舞蹈家协会、中国教育协会、中国教育发展战略学会、中国和平统一促进会、舞蹈教育专业委员会、中国艺术教育促进会、中国文化艺术交流促进会等文化机构在幼儿舞蹈交流和传播中都起到了重要作用。

二、幼儿舞蹈的特点

幼儿舞蹈是综合性艺术。它借助孩子的形体和其他姐妹艺术手段,表现不同的内容和形象。它反映了孩子们的生活和精神世界,表达了幼儿的情趣、爱好,是对孩子们进行德、智、体、美全面发展教育的一种形象生动、富有感染力、易于被孩子们接受的艺术形式。其特点是简单易学,边歌边舞,游戏成分比较大,认知性强。

幼儿舞蹈能够在竞争激烈的表演舞台上占有一席之地,而且经久不衰、历久弥新,正是由于它特有的艺术魅力,其特点越鲜明,优势就越明显。可以毫不夸张地说,幼儿舞蹈中所展现出来的幼儿的天真性、生活的趣味性、特有的幻想性和烂漫的童乐性等特点是其他艺术门类难以企及的。一个优秀的幼儿舞蹈作品必将是童心性、童幻性、童趣性和童乐性的完美统一,若缺乏最基本的幼儿特点,它的优势也就荡然无存。所以,童真、童趣、童幻、童乐是一切幼儿舞蹈的生命之源。

在幼儿舞蹈具体创作实践中,如何认识、捕捉和表现幼儿特点,就显得尤为重要。比如在面对幼儿生活原貌时,能否根据幼儿生活中的种种原型表现确切地捕捉幼儿的特点;在评价幼儿舞蹈作品时,应该准确地把握尺度,依照幼儿舞蹈自身的标准,进行切合幼儿实际的审议,稍有不慎就会轻率地扣上"成人化"的帽子。因此,辨析幼儿特点的具体内容,认定幼儿特点的各种表现,是幼儿舞蹈创作获取优势、显现活力的先导。综观幼儿群体,尽管他们年龄段不同,生活环境不同,活动方式不同,但就其显见的特点,则大同小异,差别无几,只不过各个年龄段的表现形式有所侧重罢了。这些特点,大体上可归纳为以下6个方面。

(一)幼儿舞蹈的纯真性

幼儿舞蹈如万花筒,色彩斑斓,变幻无穷。幼儿舞蹈艺术具有一种"纯天然"的美感效应。其原因从根本上说,幼儿是人类生命、事业、文化、传统和道德传承主体的初级阶段,是希望和未来。他们得到国家、社会、父母和老师无尽的呵护、养育和关爱。因此,为他们创作,由他们表演,反映他们生活的这一舞蹈形式必然时时处处展现着孩子们的天真、烂漫、快乐和幸福,从而表现着新一代幼儿的思想和特点,体现着当代幼儿的精神与品格。

《毛诗序》中有这样一段文字:"情动于中而形于言,言之不足故嗟叹之,嗟叹之不足故咏歌之,咏歌之不足,故手之舞之,足之蹈之。"可见,舞蹈源自于情感的流露和迸发,而幼儿舞蹈正是源于孩子们纯真、稚嫩的情感。幼儿对待自然界的一切事物,都有着与成年人不同的思维方式,孩子们纯净的心灵和情感是他们"天然"的属性,毫无掩饰的表露则是幼儿纯真情感的体现方式。幼儿舞蹈正是以展示幼儿纤尘不染的纯真为妙,用这种最直接、最生动而且又最充足的方式表现着幼儿情感世界。

幼儿的本质特征是纯真。这种特征与心态的集中表现就是那颗纯净的心。作为具有独立智慧个体的幼儿,有着同成人一样的喜怒哀乐的本能,在外界因素触发下而产生的感情、心理变化,也必然表现纯洁的心态、神态、动态,即孩子与人、与事、与物关系中的感情回应。幼儿舞蹈之所以能吸引幼儿就在于其故事、情节、人物、形象、色彩、音响等艺术内容、艺术手段都适应幼儿的心理生理与思维特征。"纯真"带给孩子欢乐和愉悦,与孩子们的生活、思想、情感相沟通。这一个个美丽、生动、新颖的幼儿舞蹈,就像一股股"泉水",缓缓流入孩子们的心田,孕育着他们的成长。像幼儿舞蹈《布娃娃》《鸡妈妈》《西瓜娃》《讲故事的孩子》等作品无不散发出浓郁的幼儿生活气息。

多年来,幼儿舞蹈领域里常说幼儿舞蹈艺术创作要克服和避免"成人化"倾向,这里所讲的"成人化"倾向就是缺乏幼儿艺术的真实感,使观者感觉不可信,不好看,缺乏幼儿艺术纯真的美,这是在幼儿舞蹈创作理论和学术思想上有待深入解决的一门课题。幼儿舞蹈质朴的品格、清新的个性、流畅的语言、活泼的节奏和童心童趣,构筑起幼儿舞蹈艺术的真与美、情与趣、质朴、清新、天真、活泼的美学特征。著名作曲家王锡仁曾经动情地说,创作幼儿艺术体会最深的就是要有"真情"。这是我们从事幼儿舞蹈事业的共同心声和切身体会。这"真情"来自对孩子们的爱和对幼儿艺术的真诚。这是发自内心深情的爱,也是创作幼儿舞蹈艺术的美的源头。

幼儿性格一般单纯、天真、可爱、纯洁、赤诚、坦率、不加掩饰。因此,无论在教学或排练中都尽量让幼儿表现出孩子的纯真。在幼儿舞蹈作品中要避免成人化和矫揉造作,发挥幼儿纯真的个性,注重幼儿在表演过程中自然、天真、赤诚、坦率,不加掩饰的个性表现,这是每一个舞蹈老师或幼儿舞蹈编导必须注意的。以幼儿的心态看待世界是不同于成人的,它透明而直接,角度和方式也是独特的,幼儿的世界是明亮的、活泼的、充满朝气的,还有一份可爱的幼稚和纯真。优秀的幼儿舞蹈作品一定是一个处处可见童心的作品,以成人的思维去创作幼儿舞蹈作品必会是老气横秋,缺失童心童趣,难以得到孩子们的喜欢。幼儿舞蹈编导创作时一定要蹲下来和孩子们讲话,把自己的年龄放小,高高在上是不行的。

幼儿的心灵和天性向往真善美,思维很单纯,纯真稚气的行为中往往带有直观、形象和丰富的想象力。童心构筑在幼儿对事物的想象、憧憬之中,因此幼儿有别于成人。假若我们在纸上画一个圆圈,请幼儿来辨别是什么,那么10个幼儿也许就有10种回答。他可能说是铁环、太阳、麦饼、车轮,甚至有更为精彩的说法,但极少有孩子会说是一个圆圈,因为"圆圈"毕竟是一个抽象的"符号",而不是一个具体的形象。幼儿心理学告诉我们,一个成功的幼儿舞蹈作品之所以能对孩子产生影响,是通过他们心理特点的"中介"或"折射"来发生作用的,所谓"中介"或"折射",是建立在幼儿当时或现场的内心体验的基础上。如果幼儿舞蹈作品不是构筑在童心之上,不是用幼儿的眼光来发现真、善、美,那么就会缺乏吸引力,不能使孩子们感兴趣,当然也就无法通过幼儿心理特点的"中介"或"折射"来达到幼儿舞蹈编导预期的目的。例如在舞蹈《荡秋千》中,舞台上吊下无数的秋千绳,化成一条条绿色的枝条,随着秋千荡啊荡,枝条与孩子构成了种种图形、画面。孩子因为有荡秋千的经历,完全能将秋千绳与枝条等同起来,因而这个幼儿舞蹈既美观又自然,很受孩子们欢迎。当然,并非所有的舞台情景都能引起孩子们的情感认同,经过观察我们注意到,只有被幼儿经历过的社会实践所感知的感性认识,才能有效地引发他们的情感体验,激发起他们的共鸣①。

(二)幼儿舞蹈的童趣性

幼儿舞蹈的童趣性是指幼儿的兴趣、好奇、乐趣、志趣相互融合的求新心理。而幼儿舞蹈呈现的则是兴趣、乐趣、志趣最精彩的瞬间。童趣的功能在于培养幼儿的鉴赏力、审美能力和想象力,并引导幼儿的参与意识,吸引其注意力。当我们问孩子们喜欢干什么时,他们一定会说喜欢玩耍或是做游戏——跷跷板、藏猫猫、滑滑梯、骑木马、垒积木、布娃娃、挖泥土、过家家、机器人、打游戏机、打电话、好朋友、你我他、数高楼、照相、抓黑客等。

幼儿的世界是五彩缤纷的,凡是有他们扎堆的地方,总是笑声不断,这是孩子们酿制开心、寻求愉悦的天地。幼儿舞蹈表现着天真质朴的孩子之心和独特欢愉的孩子之趣。例如幼儿舞蹈《下雪了,真滑》表现的就是孩子们在雪地奔跑跳跃、嬉戏耍闹的喜悦心情,跑着倏地滑倒了,在雪地上打个滚,爬起来变着花样地滑,孩子们生动活泼、憨态可掬的表演,形象而逼真地表现了孩子的天真、可爱的性格,充满了浓郁的童趣。童趣性即幼儿的兴趣,所谓兴趣是指探究或从事某种事物的意识倾向。它是吸引幼儿注意力,启迪他们参与愿望的重要因素,是与一定的生活体验和感情体验相联系的。

童趣来自对幼儿生活的体验。孩子的思想感情、灵魂以及广阔的内心世界不是凭空产生的,它是对客观存在的主观反映,是艺术家对客观事物有了充分认识之后所产生的主观认识。幼儿舞蹈编导从看似平常的幼儿生活情景中提炼、发展出有幼儿个性的生动活泼、妙趣横生的舞蹈语汇,通过虚拟、夸张、变形,或风趣、或诙谐、或纯真、或调皮,并以布景、灯光、服装、道具等衬托,这样,舞台形象才格外可爱、逼真,小观众才会为之捧腹,忍俊不禁。

幼儿舞蹈创作的出发点和归宿,应是以童心追求童趣,一个成功的幼儿舞蹈作品应是找对了支配幼儿情感的兴奋点,即找对了幼儿情趣关注的焦点。《石榴花开》是一个把童心与童趣处理得较好的舞蹈作品:幕启时,我们看到舞台后方竖立着一个硕大的石榴果实,十分醒目。一群天真活泼的小姑娘扮演成一簇簇鲜红的石榴花,最妙的是在舞蹈结尾时,孩子们跳进大石榴中聚集在一起,忽然石榴裂开,从中蹦出一个小姑娘,立即使人联想到这是一颗熟透了的石榴籽儿!这妙趣横生的一"招",不仅令幼儿兴奋、神往、心动,就连成年观众也无不为这神来之笔拍手叫绝。

在幼儿舞蹈中,童心与童趣之间有着如鱼和水一般的共生关系。童心之于童趣,犹如鱼因有水而生龙活虎,自在畅游;童趣之于童心,犹如水因有鱼而生动活泼,才充满盎然生趣。没有童心,幼儿舞蹈就没有动人的主调,也就没有自然天成的童趣;没有童趣,无论主题怎么正确、题材怎么典型,动作设计怎么流畅,却总是缺乏幼儿舞蹈应有的个性。因此,从本质上来说,以童心追求童趣,是幼儿舞蹈创作的出发点和归宿。幼儿生活是幼儿舞蹈创作的源泉,题材广阔、体裁多样,创作出富有时代气息、民族风格和地方色彩的

---

① 穆保燕等.浅析少儿舞蹈"童心"与"童趣"的关系.戏剧之家,2011,(1):41~43

作品是我们幼儿舞蹈工作者义不容辞的任务。幼儿舞蹈编导们要把握住时代的脉搏,用爱心架起桥梁,以童心追求童趣,求索不断,创新不止,将民族的审美观和现代幼儿的审美观融会贯通在一起,创作出既有民族风格而又有时代特点的幼儿舞蹈。

幼儿舞蹈编导只要把握"童趣"这个幼儿舞蹈的艺术精髓,就能"妙笔生花",使作品活灵活现,意味隽永,充满孩子的"情趣"。这就能让美妙的幼儿舞蹈打开孩子们的心灵之窗,畅游于他们广阔多彩的精神王国。因此,幼儿舞蹈要表现童心,捕捉童趣,突出孩子的特点,这是幼儿舞蹈创作的法宝,也是区别其他一切舞种最根本的支撑点。这个支撑点越亮丽,幼儿舞蹈便越风光,越能焕发出它特有的艺术魅力。创作中,每一个幼儿舞蹈编导都应该注重童心、童趣等的研究和运用,对某一个具体的幼儿舞蹈作品创作来讲,表现了童心,也就表现了童趣,把握了童趣,也就把握了幼儿特点。这是幼儿舞蹈编导创作最重要的基本功之一。要把握幼儿的特点,就必须注意以下 4 点:

1. 幼儿的贪玩

玩是孩子的天性,也是他们日常生活的主要内容之一。为了玩,他们相约聚会;为了玩,他们放学不归;为了玩,他们五人一堆,三人一伙,久集不散。在他们看来,只有玩,才是获得快乐、拥有开心的最好时光。因此,除相互间的逗闹、游戏、寻趣之外,外部世界的一切物体,不论是静物或动物,只要力所能及,都会随手拿来转化为好玩的"道具",而且兴致勃勃,无休无止。如幼儿舞蹈《我是解放军》,就是依据孩子们贪玩的特点,午休时不睡觉,装扮成解放军玩起了打仗的游戏,一会儿射击,一会儿格斗,一会儿跃起冲锋,一会儿躲藏隐蔽,直至累得玩不动了,才横七竖八倒地入睡,真实地反映出一颗纯净的童心和一派质朴的童趣。编织各种有趣的画面,既有孩子生活的浓厚气息,又有幼儿舞蹈艺术形象的生动体现,淋漓尽致地描述了广大幼儿贪玩的天性。

2. 幼儿的嬉闹

儿童舞蹈艺术家杨书明老师告诉我们:凡是孩子们聚集的地方,往往是笑声不断,嬉语不绝,一阵阵声浪此起彼伏,一次次喊叫四壁回荡。一会儿追逐摔跤,一会儿爬滚推拉,欢愉热烈,兴奋不已,流露出他们固有的俏皮、天真、好动的特征,显示出幼儿生活欢乐雀跃为主色调。幼儿舞蹈之所以以欢乐而见长,以活泼为主导,主要是因为受益于幼儿生活的本体风貌。就这个意义上讲,幼儿生活的主色调,也就是幼儿舞蹈的主色调。如幼儿舞蹈《故事王》,有位小朋友号称自己是故事王,会讲好多好多的故事,于是招来许多小伙伴,这个拉,那个拽,前拥后推,抢着要他讲故事。一阵拉扯之后,他灵机一动,故意讲了个鬼故事,一边讲一边戴上黑眼镜,做出各种怪样子,吓得小伙伴们惊恐万状,到处躲藏。而他却捧腹大笑,得意洋洋。形象地折射出孩子们嬉闹的一个侧面。

3. 幼儿的撒娇

在孩子们的日常生活中,撒娇常常表现在两种人面前,一种是小伙伴之间,在游戏活动或玩耍过程中较为多见,另一种是面对父母或爷爷奶奶,多半把撒娇当做达到某种目的的手段。这种状况,更多地出现在与父母同行购物,或与长辈们户外游乐的时候。通常情况下,孩子们撒娇的方式主要是哭泣、跺脚、撅起小嘴、扭动身躯,不论在什么场合,每遇到不如意的事,或提出某种要求得不到满足时,他们就会采用某种撒娇方式以达到目的。幼儿舞蹈《雪花飘》,就是由这类生活元素走上艺术舞台的一个优秀作品。舞蹈中有个打雪仗的情节,当一位小朋友总挨打而自己却打不到对方时,便席地而坐,双手抹泪,两腿屈伸着蹬踩不休,在偷偷窥视对方并发现对方不予理会时,则更是哭泣不止,踩动不停。而当对方前来哄慰时,他便乘机捧起一把白雪,急速洒向对方,进而破涕为笑,洋洋自喜,拍手欢跳,显露出一副得意的神态。又如幼儿舞蹈《冰糖葫芦》及幼儿舞蹈《苹果娃娃》,同样运用撒娇的细节描写,不仅使原始的生活元素得以形象化的体现,而且使作品得以艺术的提升,达到童趣盎然、稚气横溢的境界。由此可见,生活中的幼儿特点,一旦移情于舞台表演的幼儿舞蹈,其作品必将显示出无比的艺术活力。

4. 幼儿的逞能

孩子们逞能的特点,实际上是好胜与要强的幼儿心理的自然流露,并带有一定的挑战性。对于自己不能做或不熟识的东西,往往会摆出一种我能或我熟知的架势。这种逞能的特点,可以说是孩子们健康成长的原动力之一,它包含着孩子渴望对知识的吸纳,对未知世界的了解,诸如对某些玩具的大拆大卸、重组重装,都反映出一种潜在的探索精神和创造意识。而在某些自然现象面前,也总想以一个胜利者的姿态居高临下。如幼儿舞蹈《明明与孔雀》,就是以逗能为切入点,清澈地刻画了主人翁明明的形象。他面对没有开屏的孔雀自以为有办法叫它开屏,便采用各种动作与姿态,一次又一次地逗引。可是,孔雀就是不给面子。无奈中,明明突然有了主意,迅即找来花毛衣欢跳着、舞动着,直至使其开屏媲美才善罢甘休,从而获得好胜与逗能的心理满足。与此不同的幼儿舞蹈《穿错了》,在反映幼儿逗能的特征上则采用了幽默、诙谐、夸张的手法,使逗能者终究呈现出未能"逗"起来的形象,于哄然一笑中给人留以甜美的回味。其具体表现是幼儿园的小朋友在穿衣穿裤的过程中,有的穿反了裤子,有的穿倒了裤子,还有的两条腿穿进了一个裤筒。于是,有位小朋友主动跑出来,充当老师的角色,并振振有词地告诫:一条裤子两条腿,上下张着三张嘴,正反前后看仔细,拎起裤腰向上提。结果,在穿着比赛中,唯他一人穿错了裤子,给小朋友们带来了友好的欢笑。这是幼儿艺术表现幼儿自身生命与精神活力的生动体现。

(三)幼儿舞蹈的童幻性

童幻性是幼儿舞蹈艺术显著的标志之一,由于幼儿先天、后天的多种因素,形成了他们各种思想、性格、情感、气质的差异,然而他们之间的相同点却集中表现在思维和生理心理特征,这与现时代物质文明和精神文明的发展密不可分。多变的情绪看起来似乎是不合常理的情趣,这正是他们思维的无限性、童心世界的丰富性或昭示着生命活力的节奏性。随着时代的发展,孩子们的精神空间和思想意识不断地向新领域发展,孩子们的探索欲望和创造能力更是超乎我们的想象,在他们眼里一切皆有可能。孩子们常常把一些无生命的事物看作是有生命的朋友,他们幻想着可以像鱼儿一样潜入水底,可以像机器人一样所向无敌,还可以在弯弯的月亮上荡秋千,等等。这种幻想既是幼儿感受事物和认知事物的桥梁,也是幼儿舞蹈创作中产生夸张、虚拟、幽默的重要手段。所以说,这种包含着天趣自成的探索意识和创造精神的童幻性,是幼儿舞蹈艺术又一个突出的特点。童幻性也是幼儿舞蹈艺术最显著的标志,因为幻想是幼儿成长中的一大特点。在幼儿幻想题材的舞蹈中,他们既可以是一只可爱的小燕子,也可以是一名交响乐队指挥,甚至可以是一个穿行于太空的外星人。幼儿幻想过程中真实而强烈的情感,体现了他们对想象情景的直接表露,这是幼儿舞蹈艺术形象的依托,是构成幼儿舞蹈艺术特色的基础。所以,童幻性既是沟通幼儿与万物交流的桥梁,又是产生夸张、变形、诙谐、幽默等艺术形式的重要手段。

一个缺乏童趣即缺乏想象力、形象化的舞蹈不外乎枯燥的说教,很难在舞台上下建立起相互沟通的桥梁,幼儿舞蹈编导与幼儿之间也就不可能产生真正的心灵交流。幼儿舞蹈编导在选材、语汇以及服装、道具方面必须特别注意幼儿的兴趣与情趣。在幼儿舞蹈《蝴蝶飞》中,编导巧妙地将东北秧歌中的手巾花想象成五彩缤纷的蝴蝶,小演员把红的、黄的、绿的手巾在台上抛来抛去,仿佛是大自然中纷飞的花蝴蝶!这样一个简单形象的"比喻"一下子就得到孩子们的认同,他们全然被充满童趣的巧妙构思所吸引,认为台上飞来飞去的就是"蝴蝶",已经完全没了"手巾"这个概念。队形一会儿分、一会儿合,组成了各种美丽的图形,舞台上场面逼真,惟妙惟肖,活泼有趣。幼儿舞蹈编导通过大脑思维和艺术加工的再现。把生活中的蝴蝶形象创作成幼儿舞蹈艺术作品的形式,让孩子们透过舞台使台下台上的幼儿着迷于五颜六色的花蝴蝶,并能使孩子们深入其境,得到充分的视觉享受。

在幼儿舞蹈作品中,艺术形象的品质深深地影响着孩子们的思想、行为,作品寓教于乐的功能将为孩子们的成长起到榜样的作用。因此,幼儿舞蹈编导应倾其所有生活积累,有所感而发,把握住幼儿舞蹈"情动于中而形于外"的本质特征,深入到幼儿的内心世界中去,运用童心支配的眼睛去捕捉事物动态,在童趣的自然流露中夸张、变形。

(四)幼儿舞蹈的直观性

舞蹈形象是一种直观的艺术形象,它是通过观众的眼睛来完成审美体验的,幼儿舞蹈也不例外,并且这一特点更加突出。由于幼儿正处于成长阶段,大脑神经系统尚未发育成熟,思维特点是形象和具体的。比如,当你手腕做正反交替翻动时,孩子们会想到这是星星在眨眼;当你上提下压手部做波浪式运动时,孩子们会想到是鱼儿在游动;当你张开双臂在身体两旁上下起伏,孩子们又会想到是鸟儿在飞翔。因此可以说,幼儿舞蹈的语言是直观形象的、易被幼儿理解和接受的,幼儿舞蹈动作的特点是简单活泼的,而这些直观形象的动作语言更是让观者一目了然。比如幼儿舞蹈《幸福一家》就以典型的"波浪手"动作为舞蹈语言,用"指尖冲前的波浪手,双手平开的波浪手,手臂交叉的波浪手"等塑造了鱼儿的形象,在鱼儿们追逐嬉戏的情趣中,也非常直观地将幸福祥和的氛围呈现出来。

(五)幼儿舞蹈的模仿性

孩子们用天真无邪的心灵去拥抱着自己喜爱的美妙世界,他们拥有着惟妙惟肖的艺术模仿能力,可以说,模仿是幼儿先天的资质。之所以将模仿的特质从童趣性中提取出来,是因为模仿是幼儿舞蹈塑造形象非常重要的手段之一,俯瞰取材于生活的幼儿舞蹈,以模仿为艺术载体的作品占有相当比例。在社会生活中,孩子们的成长历程一般都是由模仿开始的,从语音到表情,从行走到跑跳,无不渗透着模仿的过程,幼儿们喜欢模仿生活化的场景,如洗手、做饭、过家家、拧水龙头,尤其是各类小动物,飞的、跑的、跳的,以及生活中的花、鸟、鱼、虫、鸡、鸭、猫、狗等,都是他们模仿的对象,如蝴蝶飞舞的形象、白兔跑跳的形象、熊猫翻滚的形象,以及小鱼游动、螃蟹爬行的形象等,都是由生活原型通过模仿升华而来,并从中寻找乐趣,显现童心,袒露童趣等,从而展示幼儿的特点。

模仿也是幼儿增长知识技能的基本方式。幼儿舞蹈《我是解放军》,就是通过幼儿模仿解放军的训练动作,来表达孩子们长大想当解放军的愿望,他们时而模仿训练时的起立和敬礼,时而模仿实战训练的匍匐前进,时而模仿防御敌人的翻滚动作和射击、卧倒、开炮、突击、奔跑等,一本正经的模仿样既让人忍俊不禁,又不得不佩服小小男子汉的英勇善战、矫捷灵活。由此可见,幼儿舞蹈活动中所揭示的知识性内容就是模仿所提供的,模仿性是幼儿舞蹈的重要特点。幼儿小歌舞剧《这里的春天最美丽》,以多种海洋动物类的模仿舞段,形成了它特有的艺术品格。如太空中天狼星、海王星、火星、木星、彗星的舞蹈;海域中水母、珊瑚、章鱼的舞蹈;森林中小鸟、小猴、梅花鹿的舞蹈等,都真切地反映了孩子们善于模仿的情趣。又如幼儿舞蹈《我和奶奶扭秧歌》,通过左半身为本我,右半身为奶奶的打扮,以突出后者为主的艺术布局,学奶奶扭起秧歌的形态;幼儿舞蹈《小小粉刷匠》学装修工人骑车上班、粉刷墙体的形态;均属于从模仿角度直叙幼儿特点的艺术典型。

(六)幼儿舞蹈的综合性

幼儿舞蹈是以孩子身体动作为主要表现手段,是一门综合的立体的艺术,它融汇了幼儿文学、幼儿音乐、舞台美术等姊妹艺术的因素;是音乐、布景、服装、道具、灯光、化妆等的完美统一。幼儿天性充满了好奇、爱问为什么,喜欢新奇的事物,喜欢趣味的游戏,幼儿舞蹈更要力求与幼儿生理心理相融,一定是动听的音乐,优美的舞姿,漂亮的画面,吸引孩子眼球的舞美效果等。舞台上处处体现着幼儿舞蹈本体的新奇性与趣味性。

不同年龄段的幼儿生理和心理特征各有不同,生活内容不同,活动方式不同,对事物的看法和喜好也不同,所以幼儿舞蹈所包含的内容必须非常广泛。幼儿舞蹈所表现出的纯真性、童趣性、童幻性、直观性、模仿性等特点,都属于一个不可分割的整合体,相互之间既有区别又有联系,既有一定的独立性又有相互通融的渗透性,突出了综合性的特点。因此,针对幼儿不同的年龄阶段,也要采用不同的题材和表现方式,只有这样,才能适应孩子们丰富多彩的情感和复杂多样的思想。

综上所述,幼儿舞蹈作品在艺术创造过程中对幼儿的特点进行洞察、剖析、研究的结果,是一个不可分割的统一体,相互间既有区别又有联系,既有一定的独立性又有互通的渗透性。一个优秀的幼儿舞蹈作品具备一定的综合艺术能力,有一定的文学、音乐、美术等修养,并且往往都是童心性、童趣性、童幻性和童乐性集于一身的。否则,幼儿舞蹈作品便失去了孩子的特色和幼儿舞蹈的综合性。这些幼儿舞蹈特点可以有所偏重,但绝不能空缺。否则,幼儿舞蹈作品便失去了孩子的特色。在此,我们衷心地希望以上6点能够成为从事幼儿舞蹈教学、编导、表演的基本衡量砝码。

三、幼儿舞蹈的分类

划分幼儿舞蹈种类的原则和方法,必须根据一定的目的来选定,采用从各种幼儿舞蹈客观存在的表现内容和独特方式以及幼儿在社会生活中所起的不同作用等,来塑造幼儿舞蹈艺术形象,并对幼儿舞蹈类别进行划分。

在幼儿园的教育中,幼儿舞蹈活动大体是两种类型:一种是自娱性舞蹈,另一类是表演性的艺术性舞蹈。动作编排有一定的艺术水准,是幼儿舞蹈中最绚丽多彩的。

(一)幼儿自娱性舞蹈

自娱性舞蹈包括律动、游戏、集体舞、即兴舞等,是每个孩子都可以参加的幼儿活动。它的形式自由,动作简单,不受任何场地限制,只要有一定的空间孩子们就可以跳,比如操场上、教室里、树林中、广场上、山坡上等。

1. 幼儿律动

(1)幼儿律动的概念:律动一词是由希腊语 Ryhmos 发展而来的,意为节奏,即有韵律节奏的动作,是随音乐节拍而动的一种形式。在幼儿园里又称为听音乐做动作。律动教学是幼儿园对幼儿进行节奏和协调性训练的一门主课。它以音乐为基础,以生活为依据,以模仿为手段的舞蹈形式之一。从字义上讲,律动可解释为有韵律节奏的身体动作,又称为听音乐做动作。幼儿听了音乐,敏感地领会音乐节奏、内容,直觉地产生一种与音乐节奏内容相适应的感情,这种感情自然而有节奏地通过身体动作与姿态表达出来。这种由音乐节奏激发感情,同时又把感情变为节奏动作的表现,就是"律动"。幼儿律动是在音乐的伴奏下,根据音乐性质、节拍、速度、力度等时间间隔,有规律地反复进行某一动作,或某一组动作的活动;是以训练培养幼儿节奏感,按照一定的节奏规律进行的初级小舞蹈组合训练。它包括幼儿舞蹈种类的基本动作以及模仿动作等。

(2)律动的寓意:①通过律动艺术的特殊美感体验,培养幼儿的音乐感悟能力,锻炼幼儿的身体协调能力,提升幼儿的艺术表现能力,给幼儿以艺术美的享受,是以训练培养幼儿节奏感,按照一定的节奏规律进行的最初简单的舞蹈小组合练习。律动是幼儿们随着音乐节拍做动作的一种活动,它是幼儿园对孩子进行节奏训练的一门主课,是对孩子早期美育教育的基石。②律动是幼儿教育中不可缺少的内容,在幼儿时期有着特殊的地位和作用。因为幼儿期是孩子生理、心理成长的主要时期,他们特别爱好活动,爱好模仿,需要做各种动作来反映他们的思想和感情,如在"鸟飞"的训练中,让孩子感受到音乐是活泼的、柔和的,节奏是轻快的;在熊走的训练中,让孩子体会到音乐是低沉的、笨重的,节奏是缓慢的;在"哄娃娃睡觉"中感到音乐是宁静的、温和的,节奏是摇荡性的等。不同性质、不同节奏的音乐,只有通过幼儿自身运动才能使音乐的内容直观化、形象化。加强幼儿的节奏感,培养幼儿对音乐性质的感受。为此要使幼儿节奏感加强,以及培养音乐的感受,如果不让孩子动一动是很难得到的。练习律动,可以坐在小凳子上做,也可以站着做,还可以踏着节拍走着做,以及边唱边拍手或敲出节奏等。

2. 幼儿集体舞

(1)集体舞的概念:幼儿集体舞是一种比较容易接受和普及的舞蹈形式,是一种全体幼儿均可加入娱乐的舞蹈形式,在短小歌曲和乐曲的伴奏下,通过简单、协调、统一的动作,在一定队形上可反复进行的舞蹈形式。孩子们通过跳集体舞互相配合共同体验某种音乐情绪和舞蹈动作,互相交流情谊或学习基本舞步和队形变换。集体舞它不需要舞台,只要有空地方,大家围拢起来,就可以跳舞。常见的幼儿集体舞是幼儿在规定的位置,做简单统一、互相配合或自由即兴的舞蹈动作,共同体验某种情绪,互相交流或学习基本舞步和动作。集体舞是可以在一定的队形上反复进行的舞蹈。

(2)幼儿集体舞的特点:集体舞的特点是结构简单,动作统一,轻松愉快,变化规律,活泼健康,运动量适当;能加强幼儿的集体观念,增进幼儿之间的团结和友谊。它不需要舞台,只要有空地方,大家围拢起来就可以跳舞。它是一种比较容易接受和普及的舞蹈形式,有幼儿集体参与,并以自娱或锻炼身体为主要目的。它的形式多样,有轮舞、邀请舞、多人舞等,幼儿集体舞有助于培养幼儿的集体主义意识、人际交往能力以及与舞伴合作舞蹈的协调能力。

3. 幼儿音乐游戏

(1)音乐游戏的概念:音乐游戏就是在音乐(歌曲或乐曲)的伴奏下做游戏,按音乐提供的内容、性质、节奏、乐曲的结构等进行游戏,有一定的规则和动作要求,这些动作常常是简单的动律和歌表演或舞蹈。这是对幼儿进行音乐教育和动作训练的一种很生动的方法,既有趣味,又能培养幼儿节奏感和对形象的感受能力。它采用游戏的方法来培养幼儿的节奏感,发展他们音乐的感受力、记忆力、想象力和表演能力。

（2）音乐游戏的特点：音乐游戏采用游戏的方法来培养幼儿的节奏感，通过音乐寓教于乐的游戏方式对大脑的刺激，提高幼儿的思维能力，刺激身体感觉和认知能力，拓展幼儿多元智能，发展他们音乐的感受力、记忆力、想象力和表演能力。如《丢手绢》，一边唱歌一边传递手绢，到最后手绢传到谁的手中，谁就表演节目。又如《猪八戒》，一边击鼓一边传递东西，最后一句东西到谁的手中，谁就出来表演一段猪八戒的动作，游戏结束。这是一种对幼儿进行音乐教育和寓教于乐训练的一种很生动的方法，孩子们既有趣味，又能培养幼儿的节奏、形象、想象、模仿、思维的能力，满足孩子们的童心乐趣等。

（3）音乐游戏的魅力：幼儿音乐游戏是一种愉快的教育形式，根据音乐的节奏、性质、内容等进行游戏的舞蹈活动。音乐游戏形式多样，情节有趣，简短新颖，载歌载舞，这种游戏形式易学、易教、易普及推广，深得孩子们的喜爱。

4. 幼儿音乐即兴舞

幼儿即兴舞是让孩子们个性自由，想象力自由，舞蹈语汇自由发挥的舞蹈。它也是幼儿听音乐动起来的一种形式，训练中孩子们根据自己对音乐的理解，自编自演即兴表演，能够充分发挥幼儿的创造能力、想象能力和表现能力。根据他们对音乐的理解，即兴地自由表演，即兴舞蹈在幼儿舞蹈中占的比重较大，孩子们通过即兴舞蹈的训练可以增强自信，学会用舞蹈的方式表达自己的思想，用舞蹈抒发自己的情感。在幼儿园教学中常见老师用讲故事、生活图片和音乐鉴赏的方式等来启发幼儿即兴的舞蹈，如《在果园里》《葡萄丰收》《脸谱》《小白兔》《小老鼠》《婴儿玩皮球》《小企鹅》《打电话》等。

（二）幼儿表演性舞蹈

幼儿表演性舞蹈是部分孩子参加表演的舞台幼儿活动，孩子们在表演中除了自己娱乐外，还要娱乐别人，并向其他幼儿进行审美教育。它包括幼儿表演、小歌舞、小歌舞剧等形式。幼儿表演性舞蹈是反映幼儿生活情趣和个性的舞蹈形式，是由部分幼儿参加表演供广大幼儿欣赏的。它题材比较广泛，体裁丰富多样，动作比较复杂，有特定的主题，内容，情节，角色，舞台调度、形式和内容。表演舞有利于培养广大幼儿学习、欣赏和参与舞蹈活动的兴趣、爱好；还可以丰富幼儿生活和节日表演的内容；通过舞蹈与观赏使幼儿得到一定的思想教育和情感培养。它受舞台或表演场地空间的限制，但可以充分利用舞台的各种条件，如话外音、灯光、道具、软景舞美等，可以帮助表达幼儿舞蹈作品内容的特点。表演性舞蹈是通过幼儿舞蹈动作和表情，表达某种情绪或是某种情节的具有表演特性的舞蹈形式，可分为情绪性舞蹈和情节性舞蹈。总之，表演舞是幼儿通过舞蹈动作和表情来表达幼儿舞蹈作品的内容或某种情绪的幼儿舞蹈，其特点是题材广泛、体裁丰富，动作较复杂，有主题、情节、角色和舞台调度。一般幼儿表演性舞蹈分为情绪舞和情节舞两种：其一是情绪舞，其主要艺术特征是在特定的环境中，以鲜明、生动的舞蹈语汇抒发幼儿的思想感情，是高兴、思念、悲伤、优美、丑恶等以此来表达生活的感受；其二是情节舞，其主要艺术特征是通过幼儿舞蹈中不同角色的行为所构成的情节事件来塑造人物，表现作品的故事内容。

1. 幼儿歌表演

（1）歌表演的概念：歌表演是一种简单的幼儿舞蹈初级形式，主要是为歌曲配上动作进行表演的，是为歌曲服务的。它分简单、复杂两种，简单的表演是站在舞台上徒手做一些手势动作，复杂的表演穿插有队形或者人物，如《蝴蝶花》《七只小乌鸦》等。

（2）歌表演的特点：幼儿舞蹈歌表演是一种深受幼儿们喜爱的初级幼儿形式，它符合幼儿的心理特征和兴趣爱好。顾名思义，歌表演是既有"歌"又有"表演"，就是在歌曲演唱中配以简单形象的姿态、动作、表情等以表达音乐形象和歌曲内容，边唱边跳，生动活泼。优秀的歌表演作品总能赢得孩子们满心的喜悦，通过歌表演可以加深幼儿对音乐形象和歌曲内容的理解，提高孩子们的记忆力、想象力和表现力。通过幼儿歌表演培养孩子动作与音乐表演的和谐一致，同时，也培养幼儿动作的协调性与节奏感，提高幼儿对歌表演中舞蹈动作的记忆力，想象力和表现力，为孩子学习舞蹈打下基础。歌表演融思想性和趣味性、音乐性和舞蹈性于一体，是最简易的音乐和舞蹈的综合艺术形式，也是孩子最易接受的一种表现方式，它把无形的声音同无声的形态动作结合在一起，能充分调动孩子的积极性，有利于他们的身心得到全面发展。

2. 幼儿小歌舞

（1）幼儿小歌舞的概念：幼儿小歌舞是幼儿舞蹈的高级形式，是少数孩子在舞台上表演的舞蹈，是一种唱歌和舞蹈相结合的艺术表演形式。小歌舞的内容和形式有利于提高孩子对幼儿舞蹈的兴趣,内容丰富、深刻,更能诱发幼儿的创造力和想象力,使孩子们从幼儿舞蹈作品中尝到艺术的趣味,提高审美能力,通过舞台这扇门窗,使他们认识到生活美和自然美。

(2)幼儿小歌舞的特点:小歌舞的特点是载歌载舞,既长于抒发幼儿生活情趣,又可以表现广泛的幼儿生活内容,形式短小,动作简单好记。它有利于提高孩子对舞蹈的兴趣,内容丰富、深刻更能诱发幼儿的创造力和想象力,使孩子们从舞蹈作品中尝到艺术的趣味,提高审美能力,通过舞台这扇门窗,使他们认识到生活美和自然美,如《找朋友》《丢手绢》等。

(3)幼儿小歌舞的创作方法:参见第三章和第四章。

3. 幼儿小歌舞剧

这是一种以歌唱和舞蹈为主要艺术表演手段,来展现童话情节内容的综合性表演形式。它是从幼儿喜爱的视角点出发所编排的幼儿剧,这样的幼儿剧形象鲜明,结构简单,幼儿特征明显,幼儿和剧中人物的喜、怒、哀、乐、爱、憎联系在一起,共同感受剧中的情绪和人物情感。许多小观众常常被剧中情节感动的一起哭、一起笑、一起跳。小歌舞剧中有歌、有舞、有对话、有人物、有故事情节。从内容到形式都适合幼儿理解,也适合他们表现,更能引起孩子们的兴趣,如《小猫钓鱼》《小小画家》《小鸭过河》《小蝌蚪找妈妈》《大灰狼与小白兔》《白雪公主》《美人鱼》《卖火柴的小女孩》《猫和老鼠》《哪吒闹海》《神笔马良》等。幼儿舞蹈专家杨书明告诉我们:"孩子们喜欢幼儿剧,如同喜欢听故事一样,但幼儿剧比故事更形象、更深刻。幼儿剧中除了各种小动物、植物、太阳公公、雨露阿姨、春风姑娘、宇宙飞船、大树爷爷等各种各样的有趣的人物外,还有这些人物身上穿着的五颜六色的服饰以及动听的歌声、优美的舞姿、离奇的情节等。"这些因素对孩子都具有无穷的吸引力,它是幼儿舞蹈中独有的创作方式。

四、幼儿舞蹈表演形式

幼儿舞蹈就是借助孩子的形体和其他姐妹艺术手段而创作的幼儿舞蹈作品。它反映了孩子们的生活和精神世界,表达了幼儿的情趣、爱好,是对孩子们进行德、智、体、美全面发展教育的一种形象生动,富有感染力,易于孩子们接受的艺术形式。幼儿舞蹈的艺术个性是指区别于其他艺术与成人幼儿的特殊性,它是以幼儿的艺术语言、艺术形态、审美特征发展起来的一门新的艺术品种和学科。幼儿舞蹈与其他艺术品种的共同特征就是艺术形象的鲜明典型、艺术风格的多样丰富、艺术手法的创新,因而具有广泛的社会作用,贴近幼儿生活使幼儿产生新奇感、亲近感、美感,具有审美效应。幼儿舞蹈从内容到形式,充满了幼儿生活的朝气,具有生命与精神这一永久性的美的本质特征。它充满夸张、变形和浪漫色彩,使艺术想象的翅膀尽情飞翔,幼儿舞蹈按照舞蹈的表现形式来划分,有独舞、双人舞、三人舞、群舞、歌表演、小歌舞、小歌舞剧、童话舞剧等。

1. 独舞

独舞是由一个孩子表演完成一个主题的舞蹈,多用来直接抒发幼儿舞蹈作品中角色的思想感情和揭示小人物的内心世界。常见于小歌舞中角色的处理和幼儿舞蹈赛事中(图1-1,图1-2)。

图1-1 独舞《红星闪闪》(锦州小丑鸭艺术团演出)　　图1-2 独舞《我要上春晚》(中国人民解放军总后幼儿艺术团演出)

2. 双人舞

双人舞是由两个孩子表演共同完成一个主题的幼儿舞蹈。多用来直接抒发作品角色的思想感情的交流和展现小人物的关系。常见于小歌舞剧中角色的处理和幼儿舞蹈赛事中(图1-3)。

3. 三人舞

三人舞是由3个孩子合作表演完成一个主题的幼儿舞蹈。根据其内容可分为表现单一情绪和表现一定情节,以及表现角色之间的戏剧矛盾冲突等3种不同的类别。常见于小歌舞剧中角色的处理和幼儿舞蹈赛事中(图1-4)。

图1-3 双人舞《小男孩》(中国人民解放军总后幼儿艺术团演出)

图1-4 三人舞《旺旺一家亲》(锦州丑小鸭艺术团演出)

4. 群舞

凡4人或4人以上的幼儿舞蹈均可称为幼儿群舞。一般多为表现某种概括的情节或塑造群体的孩子形象。通过幼儿舞蹈队形、画面的更迭、变化和不同速度、不同力度、不同幅度的舞蹈动作、姿态、造型的发展,能够创造出孩子的意境,具有较强的幼儿舞蹈艺术感染力。它没有复杂的情节,而是以情代叙,以情节来展开故事画面,重在情绪的抒发,它没有多种人物角色,而是通过一个统一的集体形象来塑造某种性格(图1-5)。

5. 小歌舞剧

幼儿舞蹈小舞剧更趋向于综合性,以幼儿舞蹈为主要艺术表现手段,并综合了音乐、语言、舞台美术(服装、布景、灯光、道具)等,是表现一定戏剧内容的幼儿舞蹈作品。幼儿舞剧中的舞蹈片段多表现孩子和角色内心的独白和故事情节及其性格、情绪等;角色是用来刻画小舞剧中角色之间的关系、感情和矛盾的冲突;小舞剧是作为表演性的幼儿舞蹈,在剧情中表现的是孩子们情节的幼儿舞蹈场面。这些幼儿舞蹈形式加上必要的哑剧成分和歌唱、语言等综合艺术手段,按舞剧内容情节的需要交替出现,融会贯通,就形成了幼儿舞剧的形式(图1-6)。

图1-5 群舞《学做解放军》(中国人民解放军总后幼儿艺术团演出)

图1-6 歌舞剧《我们是中国人》(河南省文化厅幼儿艺术团演出)

6. 幼儿童话歌舞剧

这是一种以歌唱、舞蹈、语言等为主要艺术表演手段来展现情节性内容的综合性艺术表演形式,它包含了动听的音乐、美化的画面、舞美、灯光、音效、角色等。

第二节　幼儿舞蹈美学知识

一、幼儿舞蹈美学特征

幼儿舞蹈的生活丰富多彩,孕育着美的内涵。幼儿舞蹈所表现的真诚、质朴、夸张和幻想都远远高于他们现实生活的自然美,符合幼儿生活的真实,具有幼儿舞蹈艺术理想美的底蕴。由于幼儿先天、后天的多种因素,形成了他们各自的思想、性格、情感、气质的差异,然而他们之间的相同点却集中表现在思维和生理心理特征,以及由此决定和产生的幼儿舞蹈艺术的美学特征。幼儿舞蹈质朴的品格,清新的个性,流畅的语言,活泼的节奏和童心童趣,构筑起幼儿舞蹈艺术,通过夸张、变形等艺术手法表达真与美、情与趣、质朴、清新、天真、活泼以及具有形式美和自然之美的美学特征。

(一)幼儿舞蹈的清新美

幼儿舞蹈美学特征之一是清新。清新与繁杂、混浊相对比、相区别。就词意,清新即新颖而不俗,它与清鲜、清秀相关、相近。清新是表现接近大自然本来面貌的景物、环境或氛围的一种类比,给人以"返璞归真"的感染或效果。幼儿舞蹈的清新美,既是人们对美好生活与大自然优雅生态环境的神往,又是对高雅幼儿艺术的审美追求。

(二)幼儿舞蹈的活泼美

幼儿舞蹈艺术表现幼儿自身生命与精神活力的生动。天真活泼,是幼儿思维、性格特点的集中反映。幼儿舞蹈作品的舞蹈语汇、音乐动机、肢体和艺术形象的塑造,都展现着幼儿舞蹈特有的本真个性。活泼,对于幼儿舞蹈起一种"内驱力"的作用,推动着幼儿舞蹈艺术作品的延伸、扩张、重复、变化与发展;它显示着幼儿舞蹈的生机与灵气,蕴涵着幼儿鲜活、跃动无穷的"生命力"。幼儿舞蹈所表现的活泼,不同于青年的青春活泼,更不同于成年人那种成熟的幽默。它是幼儿的稚美、幼嫩、纯净又好似不可抑制,不知疲倦的生命之"气",心灵之"魂"和精神之"光"。像幼儿舞蹈《小鸭和小鸡》《宝宝会走了》《牙牙和泡泡》《银铃声声》等作品都以天真活泼之美见长,给人留下深刻印象。这是幼儿舞蹈艺术表现幼儿自身生命与精神活力的生动体现,展现着幼儿特有的本真个性。

(三)幼儿舞蹈的形式美

形式美是指生活、自然中各种形式因素的有规律的组合,包括色彩、线条、形体、声音等,以直接感官的形式展现在人们面前。人们在进行审美活动时,很多美的享受都是从形式上开始的,因而形式美具有相对审美独立性。幼儿舞蹈的形式感很强,在幼儿舞蹈作品中占有很重要的作用。比如:队形变化,舞姿画面、声光音效、舞台美术等。强调形式美是为了更大限度地发挥幼儿舞蹈美的功能,提高幼儿舞蹈艺术品格,起到塑造角色和烘托主题的作用。

(四)幼儿舞蹈的自然美

自然是一切美的源泉,也是艺术的范本。花草树木、阳光雨露以及自然界中的各种小动物等都是幼儿舞蹈重要的内容。在反映自然美的幼儿舞蹈编创中,我们不仅要明确选择自然题材的意义,而且要理解自然美的含义,还要用一定的手段把自然美转化成艺术美。这些东西所产生的自然韵律和形态,是我们的小观众的听觉、视觉、心理等直接能够感受到幼儿舞蹈作品的内涵,尝试到幼儿舞蹈自然美,体会到幼儿内心的干净和纯洁,以及他们在舞蹈作品中表现的自然美。

(五) 幼儿舞蹈的夸张美

夸张与变形是幼儿舞蹈语言的特征,也是幼儿舞蹈表演中的一个重要元素。美学家朱彤说:"只有通过虚构进行夸张,才能创造艺术美。"夸张是从生活中提炼与升华,将生活用形体感觉反应扩大化。幼儿舞蹈作品在孩子生活的基础上虚构与夸张,是幼儿实际生活中更高、更强烈、更集中,显现出更美好、更浪漫的艺术境界。在创作幼儿舞蹈时,凝练生活动作进行夸张变形的幼儿舞蹈语言,让孩子真正走进了孩子那极富感染力的内心世界。夸张与变形的动作语言作为媒介交流,让舞蹈形象十分精确并艺术放大,让小观众从视觉中获得清晰的表情信息,更加深层地体会幼儿舞蹈的内涵和所表达内容。在幼儿舞蹈艺术构思中紧紧围绕着幼儿舞蹈形象的特质进行,使幼儿舞蹈更具有明显的特色。表现他们在活跃的动态中成长的生动形象,从选择创作的内容到表现形式,应着力揭示与日俱增的幼儿生活的朝气,生命与精神这一永久性的、美的本质特征,它充满夸张、变形和浪漫色彩,使艺术想象的翅膀尽情飞翔,从而使作品贴近幼儿生活,使幼儿产生新奇感、亲近感、美感,具有审美效应。

(六) 幼儿舞蹈的真实美

真善美的关系是辩证统一的关系,没有真就没有善,也就没有美了。真是事物的本质,善是真的形式和表现,美是真与善的最终目的。就幼儿舞蹈美学而言,质朴就是真,是作品感性显现的第一要素,是通过艺术对幼儿品格的核心表达。自然真实,作为幼儿舞蹈的重要美学特征,是指真实、质朴、清新。幼儿舞蹈的自然气质,首先得之于幼儿洁净的心灵,由于幼儿涉世不深,心灵相对干净、单一,这也是舞蹈所需要的。

总之,我们在创作幼儿舞蹈作品时,一定要符合幼儿年龄、生理特点,要体现幼儿情感,激发他们的想象力、观察力,用能够使幼儿心领神会,对感兴趣的事和物来进行表现。幼儿舞蹈编导要有一颗"童心",要用幼儿的思维方式去思考,用幼儿的眼睛去观察、认识,用幼儿的心理反映客观世界。要从幼儿生活中去发现适合孩子表演的、有情趣的事和物,进行独特巧妙的构思,创造令孩子们神往的意境和生动的艺术形式,给幼儿以美的享受和无穷的乐趣。自然真实是孩子的天性,内心纯洁干净是孩子的特点。因此,幼儿舞蹈是让孩子们的内心真实呈现,让幼儿舞蹈作品和孩子内心高度的统一,最终使作品具有艺术生命力。

二、幼儿舞蹈的独特美学价值

幼儿时期是人一生中重要的阶段,世界观、人生观、价值观也会在这个时期初步形成,因此对幼儿的教育显得尤为重要。幼儿舞蹈不仅会给他们的童年留下美好的回忆,还是幼儿教育的重要内容和渠道。幼儿舞蹈具有认识世界、感受生活与表现美好事物和道德教育以及创造美的功能,是对幼儿进行教育的一种非常好的形式。幼儿舞蹈的最大特点就是直接用肢体动作语言来表现人物或事件的深刻内涵。同时,形体也得到了很好的训练,是其他教育形式所不能替代的。幼儿舞蹈对"真、善、美"的表达,比成人舞蹈更为真实、明朗。幼儿的童心与童趣、想象力与内心情感是幼儿舞蹈必须强调的,是必须与成人舞蹈划清界限的,也是幼儿舞蹈的精髓。我们必须认清幼儿舞蹈的特点,让幼儿舞蹈在幼儿教育过程中发挥其独特的价值,使幼儿的性格、体质、仪表等方面通过舞蹈活动得到良好的发展。幼儿舞蹈具有深刻的思想和哲理主题,对幼儿心灵教育和美的艺术熏陶具有课本知识及其他形式不能替代的价值和作用。一个好的幼儿舞蹈作品对孩子是一种教育和鼓舞,能够培养孩子的应变能力、心理承受能力、社会能力、责任心和竞争意识等。

当今社会普遍是独生子女,在家里处处以孩子为中心,因此他们身上存在着任性、怕吃苦、经受不起挫折,甚至孤僻等特点。在这一阶段中,孩子的心理发展最脆弱、最不稳定,需要家庭、社会、幼儿园各方面去关注、培养与呵护。因此,我们在幼儿舞蹈作品中可有意安排一些游戏性的幼儿舞蹈组合让他们进行一些活泼生动的训练,让孩子性格上发生一定的变化,增强他们克服困难的勇气和信心。通过幼儿舞蹈教育提高孩子们意志力、表现力、交往能力以及团结合作精神的培养等,让孩子们通过幼儿舞蹈去认识生活,感受人类的真善美;通过舞蹈来表现他们对美好生活的向往。通过幼儿舞蹈把自己的感情表达出来,让孩子们不但形式上创造美,也在心灵上感受美,从而全面提高身体素质、心理素质。

三、幼儿舞蹈的表演与审美

观众对幼儿舞蹈艺术的欣赏第一印象是直感,由视觉和大脑思维感受作品中孩子纯真的感情和美好的心灵。幼儿舞蹈成为孩子质朴生活的艺术再现和真诚的艺术折射。对于幼儿舞蹈创作不管用怎样的艺术手段,如果不能充分表现孩子生活这种"质朴"艺术的美,就容易脱离幼儿艺术表现的主体,也就失去了幼儿舞蹈艺术的真实。一个幼儿舞蹈作品是否具有质朴的审美特征,是关系作品能否真实反映时代精神和当代进步思想主流这一艺术的社会功能,最终满足人们特别是幼儿审美需求的重要标准。

幼儿舞蹈表演与审美是幼儿舞蹈编创过程中必须重视的问题。舞蹈所表现的内容一定要反映幼儿的真实生活,能让幼儿弄懂它的含义。只有这样孩子们才能从心底里喜欢这个舞蹈,并接受这个舞蹈,才能表演好,并能得到很好的审美愉悦和体验。这些对于幼儿舞蹈学科建设来说,无疑是一个有意义的事情。从幼儿舞蹈看,开心快乐,形神高度的统一是其主要特征,不需幼儿们特意去表现什么,只要把自己的内心真实完全地展现出来,注重展现其灵魂和情感。当然,幼儿舞蹈的动作、队形等外在形式编创主要靠幼儿舞蹈编导来完成,在这个过程中要求编导老师完全站在幼儿的角度看世界,甚至把自己变成幼儿的心理等,尽量不要过于强调某一技术而打破孩子心中的自然真实,这是指在表演时包括舞美灯光等手段的运用,帮助孩子们完成内在"神"的表达和展现。舞蹈美感的情感性是舞者通过对舞蹈作品的深刻理解和充分的艺术表现,使之与观众产生情感上的共鸣。它使人们从舞蹈外部形态逐渐感受到它的内在情感意蕴,从而体会到它的审美属性,给人以美感。应该注重整体效果的传神写意。虚拟的动作表演重在动作的高度美化,使幼儿在无拘无束中表演得更加自由,拓宽表现生活的领域。

四、幼儿舞蹈的美育功能

幼儿舞蹈艺术教育作为教育的一种形式正在得到教育界和整个社会的日益重视。艺术教育是美育的重要途径,而且是全民精神文化素质教育中美育的一个重要方面,具有不可取代的价值和社会意义,对于培养"有理想、有道德、有文化、有纪律"的 21 世纪新一代起着基础教育工程的作用。

(一)培养幼儿的良好品德

当今的幼儿大多是在家长们的宠爱和庇护下生活,独生子女的现象也造成一些幼儿的性格缺陷及生活空间的狭小,使幼儿普遍存在任性、娇气、不合群的缺点。他们在集知识性、趣味性、娱乐性为一体的幼儿舞蹈训练中,学会在对舞蹈美的追求中自觉地要求自己,在艰苦训练中同时结识更多的小伙伴。幼儿舞蹈学习,既有竞争因素又有合作的关系,既有意志的培养又有个性的发展。这几方面的结合,锻炼了幼儿的独立意识、竞争意识和创造力,使他们的心理素质和整体素质得到良好的培养和提高。

我国著名的舞蹈家吴晓邦说:"艺术以它的感染力去培养人们良好的道德情操和高尚品质,鼓舞人们的乐观主义和进取精神。"舞蹈作为一门综合艺术,以感情活动为中心,通过潜移默化提高审美能力来塑造美的心灵。辨别真、善、美和假、丑、恶是审美的最高境界,也是德育的基本要求。德育的施教不仅仅局限在书本和口头上,它通过舞蹈艺术教育会收到意想不到的效果。如:幼儿在学习舞蹈《美丽的小孔雀》时,除听教师讲解有关云南的美丽动人的故事外,更重要的是通过舞蹈中美的形体、动作、线条、造型,还有美的音乐服饰、灯光、布景表现美的民族和地方色彩,以及美的民族风格和民族韵味,从而使中华民族灿烂的文化从舞蹈这座雄伟的宫殿中向幼儿充分地展现出来,从而激发幼儿对云南美丽风景、对祖国山河的热爱,也就是使他们由爱美、爱舞蹈艺术、爱祖国河山,进而呼唤起内心的爱国热情。

(二)增强记忆力、开发创造力

记忆在学习中是一个重要的因素。毫无疑问,记忆是每个人所必需的。创造力和智力中虽然都含有记忆力,但记忆力并不等于智力,更不等于创造力。如同录音机和录像机一样,记忆的作用只是保留旧东西。记忆不但会因逐渐遗忘、模糊而变得不完全可靠,而且其本身并没有产生新东西的能力。所以,如果只注重培养孩子的记忆力,就会成为旧知识的储存者。长大后,不但难以有独创性的成就,就连已经学过的东西也会逐渐忘掉。"记忆是过去经历过的事物在人脑中的反映。"幼儿在进行舞蹈学习时,他们的情绪经常处在一种积极调动的状态下,这种积极的情绪对他们记忆保持时间的长度有着积极影响。任何艺术的审美创造都来源于生活,模仿着世间万物的千姿百态。幼儿舞蹈也不例外,因此在幼儿舞蹈教育活动中模仿是需要的,它是最初的学习方式,但伴随着幼儿舞蹈的进展,独立思考、发表自己的独特见解是必须的。因此,幼儿舞蹈教育模仿的背后意味着创造。"思维是一种高级、复杂的认识活动,是人脑对客观现实进行的间接和概括的反映。"幼儿舞蹈教育对孩子形象思维能力的培养有较大的作用,有利于右脑的进一步开发。其次,幼儿舞蹈教育在形象思维活动的带动下,在一定程度上能促进孩子逻辑思维能力的发展,有利于左脑的开发。

(三)改变幼儿的形体

在各种遗传因素中,我们发现,孩子的体型并不全部受爸妈的遗传,尤其是腿形的发育,如果天生不够完美,可以通过后天的培养锻炼来重新塑造,让孩子形体更优美,在孩子成长期里骨骼里钙、磷等无机盐含量少,有机物含量多,所以骨骼硬度小、弹性强、柔软,不容易骨折、断裂,但很容易变形。另一个特点是幼儿的各个器官功能均不定型,容易发生变化。因此,在这个时期注意保持孩子们健美的体形极为重要。

舞蹈讲求体型的健美,要求身体各部分有一定的软度和开度,并能敏捷、协调、控制自如。幼儿正处在身体发育时期,经过舞蹈训练有助于骨骼的生长、使体形匀称健美。舞蹈训练中,举手投足、跳跃、伸屈等各种优美动作,不但对幼儿的循环系统、消化系统、神经系统大有裨益,而且还可以防止或纠正某些不良的姿势,如内八脚、罗圈腿、驼背等。在幼儿舞蹈的排练中,为了作品的表现能够抓住观众的眼球,必须要让孩子们身体的自然形态得以改变,解决孩子的四肢协调,使其头、肩、臂、手、躯干、胯、腿、膝、脚等获得松弛和解放,并在其软度、开度、力度、舞步、舞姿和基本能力上得到规范化训练,让他们改变训练前自身的坏习惯动作。改变不良姿态,使动作优美,孩子的运动得到充分的发挥,并且促使幼儿的表演能力得到明显提高。训练他们站有站相,坐有坐样。通过训练,孩子们日常生活中举手投足都有与众不同的感觉,培养孩子们正确的基本姿势,在体质和气质上有很大的变化。

(四)培养幼儿注意力与观察力

俄国教育家乌申斯基说过:"注意是心灵的天窗。"只有打开注意力这扇窗户,智慧的阳光才能撒满心田。注意力是孩子学习和生活的基本能力,注意力的好与坏直接影响孩子的认知和社会性情感等身心各方面的发展及其入学后学业成绩的高低。孩子注意力的形成虽然与先天的遗传有一定的关系,但后天的环境与教育的影响更为重要。家长应当根据孩子的身心发展规律与特点,为他创造良好的教育环境,从孩子出生起就有意识地培养孩子的注意力,帮助孩子养成良好的注意品质与能力。"注意",是人们熟悉的一种心理现象,通常称"专心"。小孩子在听广播、看电视卡通片时,会聚精会神,而对周围的人和事会听而不闻、视而不见,这就是注意力。注意力是指意识对对象的指向和集中的能力,观察力是指主体对对象的一种仔细考察的能力。幼儿舞蹈教育有利于幼儿意识指向集中性的培养,也有利于孩子观察细致、精确等能力的培养。

(五)增强幼儿的思维想象力

任何艺术的审美创造都来源于生活,模仿着世间万物的千姿百态。幼儿舞蹈也不例外,因此幼儿舞蹈中模仿是必要的。在幼儿舞蹈教育活动中模仿是需要的,它是最初的学习方式,但伴随着幼儿舞蹈的进展,独立思考,发表自己的独特见解是必须的。因此,幼儿舞蹈教育模仿的背后意味着创造,具有形象思维特征的幼儿舞蹈既能按照幼儿思维进行创造和表现,又直接表现和影响到孩子们性格特点的外在形态上。幼儿舞蹈的艺术特点,本身就为人们提供了不同的想象力。在教学过程中,可以把模仿形式转变成孩子主动探索的活动过程,培养思维能力。在幼儿舞蹈中让幼儿暂时忘记本身的模式,充分发挥想象力去表现,这样的教学方法对培养幼儿的想象力有一定的作用。幼儿舞蹈教育将具体形象的表象渗透在幼儿的整个认识过程和思维活动中,有意开发他们的能力。特别是幼儿的模拟能力强,想象力丰富,教师应把握这一关。在教学中老师们对他们进行启发、引导,此时孩子们的思维得到开启,他们顺着幼儿舞蹈编导老师所指的路子联想、回忆、理解、表现,最后用形体表现出来。有意安排一段幼儿舞蹈音乐,让孩子们尽情地发挥自编自跳,让他们在特定的音乐氛围中,舞出风格和气质,发挥他们的想象力,从而提高独立创造意识。创造力是随着观察、思维、理解、想象力而产生的,做到勤思维、细观察、求创意,达到大脑活跃、兴奋的目的。通过有意的观察,学会用"意识"、"动脑子"来舞蹈,这种早期的开发与锻炼对幼儿的健康成长与智能的提高起到了积极作用。幼儿舞蹈训练提高了孩子们思维能力、实践能力、自控能力、适应能力,以及心理反应能力。能使孩子们养成自信、敏捷、刻苦的人生态度,成为"德、智、体、美、劳"全面发展的优秀人才。

(六) 陶冶幼儿情操

当人体的律动与音乐、动作形式真正吻合时,除了会带来精神愉悦,还会带来生理上的快感。在尽情的幼儿舞蹈中,孩子的动作、律动与音乐似乎完全融合在一起,人在此时能够产生一种极度兴奋与亢奋的审美快感。同时,幼儿舞蹈同样能给欣赏者的生理与心理带来积极健康的影响。幼儿的情感、意志力等非智力因素的教育是培养幼儿成才的关键。而在具有教育意义的幼儿舞蹈中,他们在活泼、轻松的气氛中,用身心去感受、吸收音乐形象中积极向上的精神状态,陶冶了情操。由此可见,幼儿舞蹈艺术通过人类肢体所表现出的表层次艺术形式和与其息息相关的深层次的幼儿舞蹈文化内涵一起构建出了幼儿舞蹈艺术的立体性和社会性,幼儿舞蹈与其他艺术形式一起营造了灿烂、博广的人类文化,使之成为人类社会生活中必不可少的组成部分。幼儿舞蹈艺术作品是幼儿生活的百科全书,我们可以从中了解丰富复杂的社会生活,了解多样的人生和无限丰富的情感变化[①]。

(七) 促进幼儿心、力、才、智的发展

幼儿舞蹈有诗意的构思,有美的艺术造型,有活泼可爱的幼儿形象,有悦耳动听的音乐旋律。舞蹈训练使孩子们从小能够参加包括听、唱、跳、想、做及舞蹈方位、队形、表情、节奏等多种实践。通过形象思维理解躯体动作的特定语言,理解歌词音乐,记住舞蹈方位、队形,这对幼儿的思维能力和记忆力都是一种锻炼。幼儿在舞蹈过程中,需要有空间概念,举手投足需融入自己的情感,复杂的心理活动。舞蹈这种特定的无语言艺术,极富想象力;缓缓舒卷的白云、轻轻流淌的山泉、喁喁私语的树叶、万紫千红的花朵、秀丽的民族风光,将幼儿带到一个既是想象的又是真实的艺术境地,这对于幼儿的反应力和创造力也是极大的锻炼和提高。心理学研究表明,人的知觉分情感知觉和理智知觉两种,当这两种知觉达到完全协调时,人的思维才会活跃,想象力才最丰富,记忆力才最旺盛。而最富情感的舞台舞蹈艺术起到了沟通心灵的作用,使幼儿的神经细胞处于积极状态。实践证明,经过舞蹈训练的幼儿,智商明显比不参与舞蹈训练的同龄幼儿高,家长也都有一个共识:进行舞蹈训练后,孩子的体质增强了,娇气减少了,上进心、自觉性、吃苦精神提高了。古人曾经这样告诉我们:"教之以舞,可以精调其血气面收其筋骸、条畅精神而美其心术,是以血气和平,耳聪目明,移风易俗,天下皆宁。"这是我国古代学者对舞蹈功能的精辟见解,这不但是对成年人而言,对正在长身体、发展智力的幼儿来说,更是如此。幼儿期是人生的美好时光,金色年华应该充满欢声笑语,莺歌燕舞。这也给我们幼儿舞蹈的创作者一个特定的领域。不管在幼儿舞蹈的选材上、还是手法上都应该多创作一些有情趣的作品,不管在情节、情绪、音乐、动作、服装、道具上都要注重有情有趣。兴趣往往是最好的老师,当孩子们一旦对你的舞蹈作品产生了兴趣,就会被吸引,被感动。只有当孩子们和舞蹈作了"好伙伴",才会从中接受美的教育。

本章习题

1. 简述幼儿舞蹈的概念。
2. 幼儿舞蹈的特点主要有哪些?

---

① 刘雪涛等.谈谈幼儿舞蹈教育对幼儿心理健康成长的帮助.青年文学家,2010,(13):34

3. 在幼儿园中按照表演形式分,幼儿舞蹈的种类主要有哪些?
4. 自娱性幼儿舞蹈主要包括哪些种类?
5. 表演性幼儿舞蹈主要包括哪些种类?
6. 简述幼儿舞蹈审美特点。
7. 简述幼儿舞蹈美育功能。

第二章

幼儿舞蹈编导基础知识

内容导读

　　这一章我们主要从幼儿舞蹈编导的概念、幼儿舞蹈编导的专业要求、幼儿舞蹈创编应遵循的原则、幼儿舞蹈编导的时代使命、未来对幼儿舞蹈创作的要求、幼儿舞蹈编创的几个误区共6个方面来讲述幼儿舞蹈编导的基础知识，从而让老师们了解基本的、实用的幼儿舞蹈编导知识，增强对幼儿舞蹈创作的认识，了解基本的创编规律、舞蹈构思、题材、主题动作、人物、环境等多个方面知识，并作了细致的分析，同时对幼儿舞蹈创作的全过程进行了梳理。并从作品的构思（内化阶段）到作品的呈现（外化阶段）中可能遇到的一些实际问题进行讲解，包括作品形成过程中有可能遇到的障碍，与其他艺术家合作时需要注意的问题和具体的操作方法，达到在整体上提高幼儿舞蹈创编能力的目的。通过本章的学习，可使学习者掌握幼儿舞蹈作品成型的一般规律，根据指导，按图索骥即可创作出幼儿舞蹈作品。

本章重点和难点

　　1. 从本质上区分幼儿舞蹈的概念和特点，树立正确的幼儿舞蹈创作观。

　　2. 了解幼儿舞蹈创作的重要性。

　　3. 掌握幼儿舞蹈创作教学的基本方法和原则。

　　4. 能运用所学知识分析和解读优秀的幼儿舞蹈作品。

　　5. 掌握幼儿舞蹈创作全过程的一般规律。

　　6. 了解幼儿舞蹈作品创作过程中容易出现的问题及一般性问题的解决方法。

　　7. 学会在创作过程中与其他艺术家合作的方法。

　　8. 难点在于如何灵活的运用所学知识，创作出属于自己的幼儿舞蹈作品。

　　9. 在掌握一般规律的基础上，善于发现幼儿的优势，学会引导、激发幼儿的创造力。

　　幼儿舞蹈编导和成人舞蹈编导有相通之处，因此也可以借鉴成人舞蹈的创编思想，但是由于表演对象是幼儿这一特性，幼儿舞蹈编导又有着其特有的支撑点。从某些方面上讲，幼儿舞蹈编导是一门独立的专业性很强的门类，一个成熟的幼儿舞蹈编导不仅要掌握基本的舞蹈编导技能，还必须按照幼教专业的特征及其自身发展的生活规律,尊重幼儿个性发展特征,关注幼儿心理、生理,成为有爱心和责任感的幼儿舞蹈编导。这就需要花很大的工夫去观察幼儿生活、性格,研究幼儿的心理学、教育学以及孩子的动态、神态、形态等问题。幼儿舞蹈编导是一个人的才智和幼儿舞蹈编创技法的"综合体"。许多工作在幼儿舞蹈第一线的幼儿舞蹈编导人员,由于各种原因没有到专业院校进行专业的、系统的学习,进一步提高幼儿舞蹈编导水平的愿望难以实现,往往出现创作灵感匮乏、编创模式化、幼儿舞蹈语汇和技法应用成人化的现象。而缺乏编创知识和合理运用编创技法,也成了一些幼儿舞蹈老师工作中的障碍。本章比较系统、全面、科学地围绕幼儿舞蹈创编进行阐述,为以后幼儿舞蹈从业人员掌握相关理论知识,进行舞蹈教学、创作打下理论基础。

第一节 幼儿舞蹈编导概述

一、幼儿舞蹈编导的概念

幼儿舞蹈编导是幼儿舞蹈作品的创造者,也是幼儿舞蹈作品的导演,还是整个幼儿舞蹈创作、演出的组织者和领导者。其职责是构思和编写幼儿舞蹈台本,根据音乐进行具体的编舞,组织和指导排练,通过与作曲者、指挥、舞台美术设计以及演员的合作,最终把幼儿舞蹈呈现在舞台上。幼儿舞蹈编导是一个非常特殊的专业,这种特殊性最主要的表现就是它与个人的关系。幼儿舞蹈编导不像其他学科在言传身教时具有相对的单向确定性,相反,幼儿舞蹈编导的教与学都处于一种极为灵活的不稳定的状态,因此不免有人常习惯性地说:"幼儿舞蹈编导不是学出来的。"当然此话会略失偏颇,但它却尖锐地指出了幼儿舞蹈编导与其个人是一种复杂的双向关系,这种关系是由于文化层次、情感经历、艺术敏锐能力等不同因素综合造成的,可以概括地讲,正是由于每个人的思维差异,以致在学院化、格式化的长期训练下,我们仍然可以看到编创者们各自不同的思维方式,异彩纷呈的思维火花,而这所谓的"不同"在很多人看来正是艺术的生命关键。

优秀的幼儿舞蹈编导要读懂孩子,真正走进孩子的内心,了解孩子们那极富感染力的内心世界,才能编出好的幼儿舞蹈作品,只有这样,才能称为真正意义上的幼儿舞蹈编导。在了解幼儿舞蹈编导之前,让我们先了解一下什么是幼儿舞蹈编导。在一个幼儿舞蹈作品的编创中,幼儿舞蹈编导充当着"编"和"导"的双重角色。幼儿舞蹈编导本身既是剧本和幼儿舞蹈动作的创作者,又是将它搬上舞台的导演。由于幼儿舞蹈自身的特殊性,一个幼儿舞蹈作品在创作起初,就必须做出充分考虑,如语汇、形体、表情、舞台调度、音乐、灯光、服装等,要明白所要编的幼儿舞蹈想要表现的内容和意义。

幼儿舞蹈编导是一门实践性很强的学科,每一位幼儿舞蹈编导者都是一名相对独立的艺术作品创造者。幼儿舞蹈编导就是幼儿舞蹈作品的编剧和导演的总称,就是编剧和导演由同一个人承担和驾驭这个美的缔造工厂。这在其他艺术类别中是很少有的现象,但是在幼儿舞蹈这门艺术中却是很普遍的事情,这正是由幼儿舞蹈创作本身的特殊规律所决定的。

幼儿舞蹈创编是一种创作者特有的高级精神形态的实践活动。它由在幼儿生活中所看到的、想到的、听到的一切,激发而产生的一种创作欲望,经过构思外化成形式,把情感转变为可见、可听的幼儿舞蹈艺术。幼儿舞蹈的创作过程实质上就是动作和艺术形象进行典型化的过程。幼儿舞蹈编创者对幼儿生活有了直接的较为深刻的体验,头脑里产生了具体的幼儿舞蹈形象,然后用艺术典型化地提炼与创造,融进创作者强烈的思想情感和爱憎态度,用幼儿舞蹈的眼光把握幼儿舞蹈形象,用幼儿舞蹈艺术的思维方式审视孩子的世界,观察孩子的生活,对周围出现的各种现象努力寻找一种幼儿舞蹈化的动作方式。幼儿舞蹈编导善用艺术的眼光去观察自然和生活,在加强身体对周围世界的适应能力的基础上,逐渐培养自己提取、概括、把握幼儿舞蹈形象的能力、积极主动参与创作的思想意识以及千姿百态的独特想象,并将这些自始至终地投入到作品之中。

那么,什么是幼儿舞蹈编导呢?一般来说,幼儿舞蹈剧目的创造者就是幼儿舞蹈编导。她(他)不但需要扎实的专业素质和幼儿舞蹈教学经验,而且还需要培养幼儿对幼儿舞蹈的兴趣喜爱,并引导他们去观察、思考;需要熟悉幼儿生活,掌握幼儿在幼儿舞蹈时动作的协调、平衡和有规律变化发展的方法;需要分析幼儿的思维特点,包括感知觉、语言、想象力、记忆力、注意力、意志力、情感在内的个性倾向以及情绪与情感的表达方式,在愉快而又力所能及的情况下自由地驾驭在幼儿舞蹈世界里,使他们的肢体和智力得到充分发展。

二、幼儿舞蹈编导的专业要求

作为一门独立艺术的幼儿舞蹈,它通过自己特定的艺术表现手段去抒情叙事、概括和表现孩子生活的本质现象,有着它自己的专业知识和个性特征。在前面我们也说到作为一个幼儿舞蹈编导必须具有的素养:扎实的专业素质和幼儿舞蹈教学经验;分析幼儿的思维特点;熟悉幼儿在舞蹈活动中的心态、情绪与情感的表达方式;等等。显然,幼儿舞蹈编导的工作任重而道远,其现实意义远远超过一个幼儿舞蹈编导的含义,可以说幼儿舞蹈编导在创作时,要富有童心,要熟悉孩子的生活,其在创作上付出的劳动既有脑力劳动也有体力劳动。在幼儿舞蹈技术方面,它不一定像演员那样高超,但要有较熟练的基本功,在专业知识方面能深入孩子的社会生活和精神世界,了解幼儿的生理、心理等特点,并且能够逐步地、系统地、深入地进行幼儿舞蹈理论和实践课程的学习、研究。作为幼儿舞蹈编导,必须具备以下专业要求。

(一)幼儿舞蹈素材的积累

幼儿社会生活是幼儿舞蹈艺术创作的源泉,幼儿舞蹈作品中的形象的产生也是源自幼儿的生活。因此,幼儿舞蹈编导只有熟悉、认识所要表现的幼儿舞蹈的内容和形式,并且有了切身的感受以后才能创作出成功的幼儿舞蹈作品。幼儿生活积累的来源产生于两个方面,就是生活素材积累和幼儿舞蹈素材积累,这些都是其亲身观察、体验生活之所得。

1. 生活的积累与幼儿舞蹈的形象思维

幼儿舞蹈编导应从热爱生活出发,随时随地地汲取幼儿生活中的"营养",如一张吸墨纸所到之处从不放过点滴的"液汁"。幼儿舞蹈编导把汲取的幼儿生活素材,经过自己审美观点的思索、理解、积累起来,就像一个储存有序的仓库一样。有了丰富的幼儿生活积累,创作幼儿舞蹈的创意就会不断地涌现。幼儿舞蹈编导在熟悉生活的过程中,要善于进行幼儿舞蹈的形象思维。幼儿舞蹈编导在观察生活、体验生活时,用幼儿舞蹈形象思维来捕捉生活素材和生活中的幼儿舞蹈形象。如:孩子的生活给了幼儿舞蹈编导以强烈的印象,那么在幼儿舞蹈编导脑子里引起的就是孩子某些角色或情景动作化的联想,然后逐渐用幼儿舞蹈手法去描写角色的行动、生活情景等。于是,在幼儿生活中强烈感受到的一切,在编导脑子里就形成了动的——幼儿舞蹈的形象思维活动。

2. 积累幼儿舞蹈素材,丰富幼儿舞蹈"语汇"

文学家和剧作家为了词汇、语言生动多彩,随时随地都在搜集民间的语词和语汇,以丰富作品的表现力。而作为一个舞蹈编导,更是要搜集、挖掘、学习各地的民族民间舞蹈,生活中婚、丧、喜、庆的礼仪,寺庙中的敬神、驱鬼幼儿舞蹈以及中、外、古、今的舞蹈成品等,从而学习、研究它们的形式、风格、动作和音乐,了解它们的渊源、传统和流派。一个舞蹈编导掌握这些素材越多,他的编导视野就越广,创作领域就越宽,艺术表现力就越强。否则,就很难做一个名副其实的"编导"。时代呼唤舞蹈编导必须有一个作家的大脑,必须有很深的文学功底,试想,一个词汇、语言贫乏的作家,怎么能写出生动、感人的文章和剧本呢?我国古代常有一些富有实践经验的演员兼任"导演",这是很自然的,其中一个重要的原因,就是他有丰富的艺术积累。一个经验丰富的舞蹈演员,通过经常的排、演深入生活,学到各种各样的舞蹈,因此,他的舞蹈素材积累就越来越丰富,加之长期舞台实践的经验,就更有条件成为一个好的舞蹈编导。

单从"素材积累"来说,并不是任何老演员都能做编导,注重"幼儿生活素材"和"幼儿舞蹈素材"的积累,同样是幼儿舞蹈编导自始至终不能放松的"职责",对此要付出长期艰辛的体力劳动和脑力劳动,深入孩子的生活,积累幼儿舞蹈素材,丰富幼儿舞蹈语汇,让自己蹲下来和孩子在一起,拥有孩子般的心灵,走到孩子中去捕捉有趣的闪光点,勇于探索和研究孩子,只有这样才能获得创作幼儿舞蹈的成功。

3. 积累多方面的艺术知识,丰富想象力

想象力是形象思维的一个重要特点。高尔基说:"想象在其本质上也是对社会生活的思维,但它主要用形象来思维。"一个幼儿舞蹈编导若不具有丰富的想象力,就难以创造出感人的幼儿舞蹈作品。联想和幻想可以使幼儿舞蹈编导所创造的艺术形象比孩子实际生活更高、更强烈、更典型、更理想、更有集中性。尤其是对于幼儿舞蹈艺术,幼儿舞蹈作品中若缺乏想象力,引不起孩子的深思和遐想,将是一个枯燥无味的失败作品。我们说的艺术想象,就是基于孩子实际生活上的想象,凭借想象的翅膀更广阔地飞翔,创造出更理想的幼儿艺术境界和更完美、更精彩的构思。对幼儿舞蹈编导来说,是"孩子生活积累"的升华,是一种发展了幼儿生活的形象思维,是使幼儿生活更理想化、更鲜明地再现幼儿艺术的能力。一个成功的幼儿舞蹈编导一定要像久旱的土地吸取雨露那样,去学习多方面的艺术知识,不仅是幼儿艺术知识,还要学习幼儿文学、音乐、绘画、戏曲、心理等。总之,知识越渊博越广泛,艺术想象能力也就越强。古今中外,有成就的文学家、艺术家,无一不是掌握了多种知识和技能的人。我国清代的大作家曹雪芹,不仅诗、词、歌、赋有很深的造诣,而且擅长绘画、书法,懂得园林建筑、药理、花草、刺绣等,所以才写出了不朽的文学巨著《红楼梦》。一个作家和艺术家,要创造胜人一筹的艺术作品,形成自己的风格、流派,没有各方面的爱好和渊博的知识是不可能的。试想,一个知识贫乏、孤陋寡闻的人,怎么能创造出一个令人联想翩翩的美好境界呢? 所以,每一个幼儿舞蹈编导在生活中必须做到以下 5 点:

(1) 在民族民间舞蹈的原始素材上,进行改革和发展,以形成"新的"幼儿民间舞。在民间舞蹈素材的基础上,改革和发展其适合幼儿的形式,经过选择和创造性地运用,去反映幼儿现实生活,使之以新的面貌出现。

(2) 从幼儿现实生活的人物形象出发,提炼出幼儿舞蹈语言,吸收精华,剔除糟粕,创作反映幼儿现实题材的作品。

(3) 幼儿舞蹈编导要到孩子生活中去观察、体验、研究和了解孩子形象的生活特征和性格特征,了解他们的神态、形态、动态、动律和动作的规律、选择具有代表性、生动的幼儿动作,再进行提炼和美化成幼儿舞蹈动作。

(4) 幼儿舞蹈编导要抓住作品的主题动作。这个"主题动作"必须具备形象鲜明的特点,并应为整个结构中的重要组成部分。可以采用长短、高低、前后、左右、动静的对比手法、重复手法、调度手法、节奏变化等技术方法去发展变化。

(5) 幼儿舞蹈编导还要特别注意在这些动作中去寻找和抓取那些极其微妙的美的瞬间,有意识地让小演员在熟练过程中创造性地发挥,幼儿舞蹈编导要善于在小演员的二度创作中得到启示,进一步完善自己设计的幼儿舞蹈语言。

(二)幼儿舞蹈编导应具有深厚的文化内涵和生活体验

幼儿舞蹈创编者应具备广博而深厚的幼儿舞蹈基础理论知识和各种舞蹈基本技能,此外还要认真学习其他相关学科的知识,如文学、历史、音乐、美术等,并注意广泛收集符合幼儿表演的基本素材,拥有宽泛的基础艺术修养,才能创作出丰富多彩的优秀幼儿舞蹈作品。另外,幼儿舞蹈创编者要深入幼儿生活、体验幼儿生活、感悟幼儿生活,只有真诚地走进幼儿的生活,充分细致地了解和研究幼儿的生活,才能捕捉到有生活气息的、自然天成的童心童趣,同时立足于幼儿生活的实践,广泛收集、提炼丰富多样的幼儿舞蹈形象,将幼儿鲜活的瞬间、闪光的细节引申放大,才能真正获得艺术的升华,并能使作品感动观众,创作出既富有生动的幼儿趣味特点,又清新亮丽、富有时代感的上乘之作。

(三)幼儿舞蹈编导要勤奋劳动、努力学习

作为一个好的幼儿舞蹈编导,不仅要有敏锐的感觉和独特的思维,还要勤奋地劳动、努力地学习,以便在现实的艺术作品中去体现这些思维。这里所说的劳动,当然是努力地学习和积累,幼儿舞蹈编导所要掌握的知识是极其广博的,因此所付出的劳动也是巨大的,研究幼儿新作品、研究幼儿文学、研究各姐妹艺术、研究发展着的幼儿舞蹈语言等,也只有这样,其创作思维才能更加开阔。正如一位有经验的艺术家说的,一个幼儿舞蹈编导严格地说来,没有真正的休息。因此,我们只有不断学习,积累知识,在创作的时候才能招之即来,浮想联翩,运用自如。

三、幼儿舞蹈创编应遵循的原则

掌握艺术审美的思想性、艺术性、可视性的同时,与强烈的时代精神、浓郁的民族特色以及鲜明的幼儿情趣融为一体,并运用幼儿舞蹈的多种创作技法来表现幼儿本体的意蕴性、语言性、情感性、新奇性、趣味性,则是幼儿舞蹈作品的创作原则。

(一)幼儿舞蹈编导要研究幼儿的生理和心理特点

幼儿舞蹈的个性产生于幼儿的生理、心理特点。在创作中,表现幼儿的思维空间是无限的,幼儿在这一年龄段尚未形成思维定式。对许多事物没能确立固定的模式,思维认知直观、具体、跳跃性强,很少有时空界限,孩子们由于生活的接触面、智力年龄、理性思维局限所致,其生活空间是有限的,所以幼儿舞蹈表现的内容、形色、技巧难易程度,要限于幼儿所了解、理解、熟悉或容易认识的事物与生理局限之内。幼儿舞蹈的创编,需要遵循幼儿的生理特点和心理特点,只有在幼儿的生理承受能力、心理承受能力和表演实践能力相平衡的状态下,才能更好地突出作品的表现力。因此幼儿舞蹈编导者一定要深入地了解幼儿的生理特点和心理特点,并根据幼儿舞蹈特点和幼儿舞蹈创作规律来编排。从生理角度来看,幼儿在生理发育时期,身体各部位处于生长阶段,骨骼较软,弹性大,不易骨折,但容易变形;韧带的固定能力较差,容易脱臼;上下肢的大肌肉群发育早,小肌肉群发育晚,肌肉纤维弹力小,收缩力差,容易疲劳,这些会导致幼儿的平衡能力、控制能力、节奏感都相对薄弱。因此,创编幼儿舞蹈动作时一定要考虑到这些因素,力求动作简练、舒展、活泼、欢快。从心理角度来看,幼儿的大脑思维属于形象思维,好奇心强,注意力不易集中,好模仿,好幻想。所以设计动作时也要充分考虑幼儿的生理发展状况,多设计一些模拟性动作,多采用拟人化的动物形象、童话情节或是游戏式的舞蹈。另外,舞蹈要短小精悍,活泼健康,并具有简单、生动的情节,只有这样才能使幼儿感到亲切,易于被孩子们接受。幼儿舞蹈编导在创作中要恰当地加以表现,把握共同特征,使作品不超越幼儿智力程度,不违背艺术创造普遍规律,不循规蹈矩地生硬照搬成人模式,而是突出幼儿舞蹈的艺术个性、特点,用幼儿的思维、视点进行童心体验与审美追求,使幼儿舞蹈创作呈现清新、流畅、生动、活泼,具有幼儿特点和生活气息,创造出为幼儿乐于接受和喜爱的幼儿舞蹈艺术作品。

(二)幼儿舞蹈编导要注意幼儿的年龄特点

根据幼儿的身体发展特点,把幼儿分为3个不同的年龄阶段:3～4岁,4～5岁,5～6岁。由于这3个阶段幼儿的活动形式和思维空间不同,因此幼儿在3个阶段学习的舞蹈内容也应"因人而异,因材施教"。

1. 3～4岁

认识自己的身体,可自由地运用身体部位做各种单纯的动作,如勾脚、绷脚、提腕、压腕、抬腿、踢腿等,尽量使动作与节奏协调配合;可结合幼儿所熟悉的自然事物进行模仿,如拍皮球、开汽车以及蝴蝶飞等各种动作;以幼儿律动为主,并辅以单一的基本舞步,如《传气球》《碎步走》等,动作活泼,简单易记,反复进行。

2. 4～5岁

认识手和脚的基本位置,如一位、二位、五位等;可以做一些双脚的小跳,但要注意保持身体的重心和平衡;在幼儿律动中加入简单的舞姿变换练习,将单一舞步通过节奏变化成为较复杂的舞步或是将几个舞步结合起来成为连续性的移动舞步,如《骑小马》《摘葡萄》等;可以让孩子进行简单的幼儿歌表演、幼儿集体舞或是幼儿音乐游戏的练习,如《过新年》《找朋友》《火车呜呜叫》等。

3. 5～6岁

可以加入部分舞蹈基本功训练,如头、颈、肩、胸、腰、胯、腿等部位的基础训练;可以让孩子进行较为复杂的幼儿歌表演、幼儿集体舞或是幼儿音乐游戏的练习,如《采蘑菇的小姑娘》《波尔卡》《拉个圆圈走走》等;可以进行幼儿表演性舞蹈的练习,注重追求姿态和动作的美感。如《跳动的音符》《春蚕》等,在表演中提高他们的音乐感悟能力、身体协调能力与艺术表现能力。

(三)幼儿舞蹈编导应注重自身的音乐素质的修养

舞蹈与音乐密不可分,幼儿舞蹈编导必须具有很强的音乐素质的修养。一个未受过音乐教育,不懂音乐的幼儿舞蹈编导是无法驾驭幼儿舞蹈创作的,是不可能对音乐产生形象思维和丰富想象的。同样,在幼儿舞蹈艺术创作中,精通幼儿舞蹈创作技术是很有必要的,但不能单纯用技术来表现幼儿舞蹈内容,而是把内心的感受贯穿在幼儿舞蹈创作的技术中。众所周知,小演员音乐感的强和弱,是每位幼儿舞蹈编导经常遇到的问题,也是能否体现一个舞蹈作品主题思想关键。因此,幼儿舞蹈编导要经常注意培养自身的音乐修养,提高节奏感和分析理解音乐的能力,才能更深刻地理解、运用音乐来进行创作。

(四)幼儿舞蹈编导应该用孩子形象来思维

幼儿舞蹈编导应当以幼儿舞蹈形象来思维,要在孩子习以为常的动作中去提炼丰富多彩的舞蹈语汇,并以此给人以美的享受。法国艺术大师罗丹曾说过:"所谓大师,就是这样的人,他们用自己的眼睛去看别人见过的东西,在别人司空见惯的东西上,能够看出美来。"这就要通过舞蹈语汇,依靠形象思维的手法,把小观众带进规定的意境中,以此再现"典型环境中的典型性格"。斯坦尼斯拉夫斯基曾有过这样一句名言:"艺术应当给人一次就永远难忘的印象。"幼儿舞蹈艺术要做到这一点,就要靠鲜明的舞蹈形象,这是不言而喻的。

我们可以举出这样一个例子。有两个人在听音乐,一个是舞蹈家,一个是画家,那么,在大脑引起的条件反射下,音乐对于他们两人的影响是不一样的。音乐对画家产生的影响,是在他的脑子里浮现出各种各样的画面;音乐对舞蹈家所产生的影响同样也会强烈鲜明,但是在他的脑子里引起的却是人物的某些动作的情节,他已经看到他们怎样的动作。也就是说,一切在脑子里都是在动的,舞蹈家很快把音乐作品变成舞蹈语言。而画家呢,一开始就看见色彩,在他的脑子里立即描绘起来,明暗的色调,斑驳的颜色。舞蹈家也能够想象出这样的画,但是舞蹈家必须在这里摆上有动作的人物,生活中的人物,当然不是一般动作的人物,而应当是富有舞蹈动感的鲜活人物。因此,为了把生活现象选择到舞蹈艺术中去,也需要善于用舞蹈手法去思维,用舞蹈手法想象到各种生活现象、事件的表达方式。

(五)幼儿舞蹈编导的想象与创作

想象作为幼儿舞蹈艺术的表现手法,显得尤为重要;没有想象,幼儿舞蹈艺术就一定会变得枯燥、暗淡、平凡、无聊,幼儿舞蹈编导不善于想象的话,他的作品将永远是千篇一律,平平淡淡。这也正如英国诗人杨格所说的:"独创性作家的笔头,像阿米达的魔杖,能够从荒漠中唤出灿烂的春天"。要使舞蹈具有独创性,想象是重要手法之一,然而想象并不是抽象的。对同一题材,幼儿舞蹈编导应当想出很多处理舞蹈画面的方法,并根据孩子们的需要来安排幼儿舞蹈动作和想象中的画面,以便幼儿舞蹈作品表现得最为鲜明,最能为小观众所理解。因此,想象是幼儿舞蹈艺术创作的一件法宝,它根植于幼儿生活,又使幼儿生活得以充分的发展和升华,是对幼儿社会生活的高度概括和提炼。

四、幼儿舞蹈编导的时代使命

我们这个时代是开拓的时代,人们的观念、意识产生了本质的变化,幼儿的精神面貌、心理状态随着时代的发展而变化。他们求知欲强,善于独立思考,力求解脱传统观念的束缚,勇于开拓、锐意进取的精神成为这个时代的幼儿特点,因此,我们的艺术观念和创作思想必须服从于整个社会经济、文化发展的需要,塑造出鲜明的、具有时代感、有幼儿典型特点的艺术形象,为社会服务,为幼儿服务。

(一)选材反映生活是新时代的折射点

人的精神面貌是生活的反映,是客观世界的折射,现在的孩子和过去的孩子在精神面貌上已经不大相同了。《海鸥,我们的朋友》表现孩子们要和海鸥做朋友,去遨游大海。在《啊!朋友》中,孩子们踏着机器人的肩膀到月球上,并做了机器人的朋友,做了月球上的小主人……这两个幼儿舞蹈无论是从选材,还是舞台美术、编舞元素上都富有我们这个时代的特点。幼儿舞蹈从某种角度展示着精神的折光,不仅选题材、设情节特别重要,而且舞台上孩子们的神态、形态、舞台构图、色彩搭配以及道具、灯光、音响乃至动作节奏都要闪耀时代的光彩。有人认为"某种快速的节奏"以及强烈的幼儿舞蹈动律,可以代表现代幼儿的内心节奏,这就是时代感。这种看法带有一定的片面性,幼儿舞蹈编导应该以广义角度和加深理解,把幼儿的思想感情、精神面貌、心理状态与时代内涵联系起来,加以认识,去创作思想方面具有深度的作品,不能以生活的表面出发,而应从生活的发展规律出发,表现幼儿健康向上的思想感情。如果"时代感"仅仅局限于某种幼儿舞蹈的动律或节奏的快慢之中,以及表现"宇宙飞船""月球""机器""计算机"等单一的形式和题材,这种概念是狭隘的、简单的。现代舞、迪斯科的某种动律和节奏融汇在幼儿舞蹈作品中,只要它符合幼儿心理、生理特点,易于幼儿接受,反映时代的气息和精神,这就是时代感的其中之一,但它绝不是时代感的全部,借鉴民族民间幼儿舞蹈的素材和传统的艺术手法,努力表现今天幼儿的思想感情、精神面貌,也同样会具有强烈的时代感。如《俺抬奶奶去看戏》《捉泥鳅》既有民族民间幼儿舞蹈的艺术风格,又展现了当代幼儿的风貌。因此,创作幼儿舞蹈应该摆脱旧的传统观念、旧的社会意识,从不同的角度选材,采取不同的艺术手段,运用不同的艺术技巧,创造出不同的典型形象,反映出当代幼儿的精神面貌。

在选材中,选择现代题材应该受鼓励,即使幼儿舞蹈处理手法差一些,也只是不成熟而已,却能起到抛砖引玉的功效。有人说"满台拖拉机转",我们说即使多一点也不要泼冷水,敢于尝试、探索就应得到鼓励。搞现代题材作品不容易,文艺作品本来就是时代之光的折射。20世纪50年代有些作品给人印象很深,很有生命力,那是50年代的时代感,是那个时期精神的折射。而我们现在所处的新世纪,亦是一个伟大的时代,用幼儿舞蹈来展现新世纪孩子的心理状态、精神面貌、时代风采,塑造出这个时代的幼儿典型特点的幼儿舞蹈艺术作品,也是我们幼儿舞蹈创作的当务之急。时代感不仅在选材,而且要体现在各个方面,如幼儿舞蹈细节的选择,幼儿舞蹈语汇的运用以及节奏、色彩等,都要以自身特有的方式体现着时代感。如果某一点上有时代感也应肯定,只要对当代幼儿精神生活有所启迪,对于幼儿舞蹈创作的意义也是毋庸置疑的。

(二) 捕捉幼儿形象、贴近幼儿生活

在观察过程中,要注意幼儿生活的动作素材,准确捕捉幼儿形象。在构思过程中,要运用多种艺术表现手法调动孩子们的主观积极性,让他们在创作中、游戏中自由发挥,以便再度从他们身上获得直观而新鲜的形象感受,进而将生活动作规范、美化为具有幼儿感情色彩的幼儿舞蹈动作和动律。让孩子们直接参加幼儿舞蹈创作,是幼儿舞蹈一个特殊的创作方法,也是我们引导当代幼儿舞蹈创作开拓、创新的好办法。

探索新的创作方法也是幼儿舞蹈创作中时代感体现的重要手段。幼儿舞蹈作品一般具有现实主义风格,与现实生活相依存,接近生活,直接表现生活,容易被幼儿们直接接受。但是,幼儿舞蹈的创作方法也可以用写意的手法进行创作。我们知道幼儿的思维活跃想象力丰富的特点,所以我们要大胆地展开想象,使幼儿舞蹈的创作方法更贴近于幼儿生活,贴近于时代。

(三) 创造新颖的艺术形式,增强时代感

要不断地创造新的艺术形式以满足时代的要求。在幼儿舞蹈创作中常常出现同一个题材的内容,有的甚至道具、服装都一样,同样题材的幼儿舞蹈作品,只有创造新的艺术构思,创造新的形式和表现方法,才能诠释出作品的立意之新。如开发新的幼儿舞蹈动作语言和新的舞蹈结构,在舞台美术方面用时代眼光和审美要求去设计布景、服装、头饰,用新一代技术、手段,采用新颖独特的方式,使舞台色彩衬托出幼儿舞蹈的美,使人一饱眼福,留有深刻的印象和无尽的回味等。给作品一个新的艺术个性,才能展现不同时代不同的幼儿舞蹈编导新的创作理念和审美追求。这样才能使幼儿舞蹈作品具有独特的艺术价值和鲜明的时代感。

如何完整地表现幼儿时代风貌和塑造其典型形象,并不是一件俯首可拾的事。我认为要达到这个目的,必须深入到幼儿生活的各个领域中,细致观察和了解他们的思维方法。只有我们真正地站在幼儿角度去听、去看、去观察、去捕捉、去收集,才能积累许多幼儿生活素材,获得童心的感受,激发出我们创作的灵感和欲望。

五、幼儿舞蹈创作的要求

(一)坚持审美教育是幼儿舞蹈教育的宗旨

"世界的竞争归根结底是人才的竞争",21世纪的人才应该是全面发展、有竞争意识,有创造能力的新一代。我们幼儿舞蹈教育工作者更应有强烈的社会责任心,为培养新世纪全面发展的人才,为提高中华民族思想道德文化素质而不懈努力。幼儿舞蹈教育作为美育教育的一个重要内容,我们应该自觉肩负起紧迫光荣的历史使命,热爱幼儿、热爱生活、热爱自己的职业,努力提高自己的全面修养和专业能力,做一个"德艺双馨"的幼儿艺术工作者。

(二)坚持幼儿舞蹈面向广大幼儿的方向

幼儿舞蹈艺术经过发展已步入大雅之堂。现已成为剧场艺术和电视晚会的保留节目。然而,追求剧场艺术并不是幼儿舞蹈唯一目标。这次在深圳市举办的中外少年幼儿艺术展演活动中,突出的特点就是幼儿舞蹈从剧场艺术走向社区,幼儿艺术走向社区这一壮举在今后还应该发扬光大。幼儿舞蹈的主要战场就应该是在社区和校园,我们还应该鼓励创作孩子们喜欢看、喜欢跳的幼儿舞蹈和便于在幼儿园里普及的集体舞。

(三)坚持幼儿舞蹈理论建设与学术研究

理论基础是加强实践的根基和支撑点,是保持幼儿舞蹈充满生机与活力,健康发展的又一重要保证和经验。经过舞蹈界各位同仁的努力,初步建立起年轻的理论队伍,举办幼儿舞蹈论文的比赛,开展幼儿舞蹈课题的研究等,幼儿舞蹈学术理论工作也取得明显进步。但是,在幼儿舞蹈理论建设方面,我们仅仅是刚刚起步,理论队伍还不够壮大,理论水平还有待提高,理论成果也不丰厚,我们要有白手起家、艰苦创业的精神,努力学习,为幼儿舞蹈理论队伍更加强大、成果更加辉煌而努力工作。

(四)坚持幼儿舞蹈形式多样、题材丰富、立意清新

历届的儿童舞蹈盛宴"小荷风采"舞蹈展演,呈现出新时期我国广大幼儿努力学习、积极向上和朝气蓬勃的崭新精神风貌,他们既有理想又有梦想,既有鲜明的个性又有美好的心灵。作品几乎涵盖了各个舞种、体裁和艺术风格。幼儿舞蹈编导能从各民族、本地区的现实生活、自然景观以及各年龄幼儿心理、生理特点,编导们从思想、生活情趣中吸取素材,挖掘主题,运用多种艺术手法,成功塑造幼儿舞蹈形象,很多优秀的作品质朴、清新、生动、活泼、极富童趣,从整体上提升了幼儿舞蹈审美品格。

(五)重视幼儿舞蹈音乐创作与选用

幼儿舞蹈比赛中,相当数量的幼儿舞蹈作品其音乐形象准确、贴切,结合幼儿舞蹈结构、场景、气氛,特别是形象特征的需要,丝丝入扣地进行旋律、节奏、和声、配器、音响的组织。一些作曲家还特别重视幼儿舞蹈贴近幼儿性格的意境描写,在音色与配器上避免了过重、过强的偏颇倾向,善用几件乐器,效果极佳,值得倡导。

(六)幼儿舞蹈具有鲜明的民族文化底蕴

幼儿舞蹈编导重视对民族民间幼儿舞蹈的学习、继承,在参赛作品中有突出表现,这也是不可多得的。我国民族民间幼儿舞蹈的底蕴丰富,学之不尽、用之不竭,是中华民族宝贵的文化遗产和精神财富。当然,除了继承和发扬中华民族文化之外,我们也要学习优秀的外国民族舞蹈文化,如芭蕾舞、踢踏舞、爵士舞等,细数历届的参赛剧目,其中也不乏外国幼儿舞蹈的上乘佳作。

六、幼儿舞蹈创作的误区

幼儿舞蹈对幼儿成长有着极其重要的作用,幼儿舞蹈富有知识性、娱乐性和趣味性,幼儿舞蹈艺术所反映和表现的是幼儿所处的社会及其社会行为,幼儿的生活、思想、情感是幼儿艺术反映的中心,但又不仅

仅是对幼儿现实生活的简单模仿，而是一种审美发现。人类创造了幼儿艺术，使得幼儿艺术就像一面镜子，既能折射幼儿的生活世界，又能陶冶幼儿的心灵，升华他们的精神境界，扩大他们的精神生活领域，使他们由感性认知进入到理性认知，进而达到审美享受。近年来，我国的幼儿舞蹈事业得到蓬勃发展，丰富多彩的幼儿舞蹈光彩亦是闪耀神州，芬芳四海。但是，在幼儿舞蹈创编中，仍存在着一些误区。

（一）从幼儿舞蹈的选材分析

多姿多彩的现实世界决定幼儿艺术兴趣和审美需求是丰富多样的，而幼儿舞蹈编导的人生阅历和创作个性又是千差万别的，从而决定了幼儿舞蹈创作选材亦是多种多样的。选择幼儿感兴趣的舞蹈题材，这是幼儿舞蹈创作的法则，而要想吸引幼儿的眼球，启迪幼儿共同参与，选材就必定要充满童心、童趣。从选材分析，表现动植物的多，童真童趣的少。选材是幼儿舞蹈编导的第一个环节。选材角度是否独特新颖，直接影响着幼儿舞蹈作品的思想是否独特新颖。一个好的选材是一个成功幼儿舞蹈作品的保证。幼儿舞蹈编导的选材，要从幼儿的生活中寻觅，站在幼儿的视角去审视属于他们自己的世界。幼儿舞蹈的选材一般分为直接从幼儿的生活中选取、间接生活素材中选取以及从其他艺术作品中移植。特别值得一提的是，幼儿舞蹈创作在动物圈子中选材是无可厚非的，如小兔、小鸟等，这也是孩子们生活中所喜爱的。但是，有的幼儿舞蹈编导总是跳不出动物题材的小圈子，离不开动物简单的动作模仿，的确动物的可爱活泼与孩子们性格类似，其在编排过程中动作产生也比较直接，然而这似乎忽略了对幼儿自身生活特征、心态变化与思想追求进行深入探究与仔细观察，把幼儿的内心世界等同于动物，使幼儿在表演的过程中失去自我，不是自我情感和情绪的表达。在幼儿舞蹈的选材上还多用植物，使花、草、树木拟人化，幼儿舞蹈编导老师通过想象，仿生出幼儿舞蹈动作来，甚至在表现花朵时，有的孩子没感觉，老师又盲目地追求表情，老师就要求孩子们露出几颗牙齿，嘴角用力咧开，使面部肌肉紧张，而两个眼睛咕噜噜乱转找老师，看老师的动作提示。这样就会使反映幼儿生活和内心世界的幼儿舞蹈失去应有的光彩。

（二）从幼儿舞蹈的形式分析

从幼儿舞蹈形式上分析当前的幼儿舞蹈作品，成人模式多，幼儿特性少。幼儿舞蹈的形式是直接体现幼儿舞蹈特性的重要方面，虽说幼儿舞蹈表演主体与接受主体是幼儿自己，可是一般幼儿舞蹈的创作主体却是成人。因此，在创作实践中不由自主地受成人幼儿舞蹈编导模式的一些影响，也算是必然。但是，既然投身于幼儿舞蹈艺术，从思维方式到心态动向，由构思指向到表现形式就必须从成人惯性的模式中走出来，注重幼儿的心理特性，幼儿舞蹈的教学和表演特点，真正地从孩子的思维方式到心态动向出发，塑造一个纯属于幼儿自己的舞蹈世界，多创作体现幼儿内心世界以及精神风貌的作品。

（三）从幼儿舞蹈的动作分析

从幼儿舞蹈的动作上分析当前的幼儿舞蹈作品，有的过于成人化，技巧滥用现象严重。幼儿舞蹈的动作根据幼儿不同的年龄阶段，具有不同的特点。每一个年龄层面的幼儿大班、中班、小班、婴儿等，不同年龄段的孩子其兴趣、体能、智力、思想、行为、心理品格，接受能力和方式以及表演活动的内容方面存在着各种差异。其动作能力、表现的内容也不尽相同。由于有的幼儿舞蹈编导者其实对幼儿和幼儿舞蹈研究不深，经验又不足，在编排设计幼儿舞蹈动作时直接从成人幼儿舞蹈中选取动作，或者稍微加以改变，就拿来所用，不尊重幼儿们的各种能力，给孩子造成了一定的影响，幼儿舞蹈作品也就不能很好地表现幼儿的内心情感世界和社会生活。

幼儿舞蹈动作另一个误区就是技术技巧的滥用。有的幼儿舞蹈编导在编幼儿舞蹈作品的时候，不管幼儿舞蹈所表达的内容需要，直接把成人训练课上的一些动作（如前桥、侧手翻、前脸、竖叉等）挪用到幼儿舞蹈作品中去，甚至舞蹈动作和舞蹈内容不相统一，貌不合，神也不合，硬是用幼儿舞蹈音乐串起来。让观者不可思议，更谈不上感动观众。

（四）从幼儿舞蹈的音乐上分析

从选择幼儿舞蹈音乐上分析，盲目追求音效，缺乏音乐知识。现在有些幼儿舞蹈编导给幼儿舞蹈选音乐时进入这样一个误区，喜欢选择带有很多的装饰性音效的音乐。例如在原本旋律基础上又添加许多小铃铛、各种小鼓、各种鸟鸣、风声雨声等自然界的音效，甚至在一首有人声演唱的歌曲中间再加上幼儿的呐喊、哭叫、嬉笑等,就以为这样就会使音乐元素更丰富、更加富有幼儿情趣,其实不然,过多的小装饰只会掩盖音乐本身的内涵。因为幼儿的天性会使得他们对各种小装饰音效更感兴趣,从而就只顾着听那些音效而不去注意应该占主要位置的音乐旋律本身。过多的小装饰音效还会混乱音乐原本的节拍节奏,给人在听觉上以杂乱无章的印象。另一方面,现在也有幼儿舞蹈编导选择近现代风格的音乐来作为幼儿舞蹈的音乐,虽然说这为增大幼儿的视野有一定好处,但现代派风格音乐节奏复杂、配器手法新潮,有许多弱起、乐器对峙的运用,不易于幼儿理解掌握。这样,看似变化丰富、实际上就是画蛇添足。在现实幼儿舞蹈创编过程中,越是简单的音乐配器越能给幼儿舞蹈编导范围更大的想象空间,因为幼儿舞蹈编导不必花心思去揣摩那些装饰音如何利用或去配合,这样没有束缚创编出来的幼儿舞蹈往往最朴实、最贴近幼儿生活、最富有幼儿情趣。

有的幼儿舞蹈编导所选用的音乐是自己剪辑的。在剪辑的过程中由于幼儿舞蹈编导不懂得音乐的调式、调性,也没考虑到乐器的音色等问题就直接主观地把几节音乐按照自己所谓的幼儿舞蹈结构硬是拼接在一起使用,有的甚至不顾音乐和动作的节拍、节奏。这种对幼儿舞蹈音乐拼接的不细致和不负责任,使幼儿舞蹈的表现力大打折扣。

(五) 幼儿舞蹈作品编排的误区

幼儿舞蹈编导除了展示在舞台的艺术幼儿舞蹈外,还有幼儿舞蹈课堂的组合。幼儿舞蹈训练的目的在于使舞者身体的各个部位更加灵活、协调,更容易支配自己的身体,可以说舞蹈解剖学和生理学为幼儿舞蹈基本功训练提供了一套科学的应用理论。不管是舞台上的艺术表演,还是课堂组合、剧目训练,幼儿舞蹈编导都要遵循一定的规律。比如动作的设计中的力源、发力点、连接动作等,都有一定的编排规律。就以动作的连接为例,有的幼儿舞蹈编导根本不考虑动作的连接方式及是否能连接上,只是单纯地把两个没有内在联系的动作拼接在一起,表演者在跳舞时会出现短暂的动作连接不上现象,严重影响幼儿舞蹈动作的质感,使幼儿的表演不自在、不流畅,更不能从幼儿舞蹈组合和剧目中感受愉悦。

总之,一个有经验的幼儿舞蹈编导要充分了解幼儿舞蹈编排中的误区,避免误入,创作出具有民族特色和多样化风格的幼儿舞蹈作品,充分体现新时期幼儿丰富多彩的生活和积极健康的精神风貌。

七、幼儿舞蹈基本步法

1. 走步

主要训练幼儿的各种不同的幼儿舞蹈步伐。不同的幼儿舞蹈步伐,不同的音乐节奏能够反映出不同的人物形象和不同的人物情感。走步的形式一般有前进、后退、原地、横走等,手臂可前后摆动或左右横摆。还可以模仿生活中许多人物的走,如老爷爷走、解放军走、小朋友走等(图2-1)。

2. 小碎步

双膝放松、屈膝,两脚掌着地,快速交替行走,速度要均匀,一般用于比较轻快、活泼的幼儿舞蹈中(图2-2)。

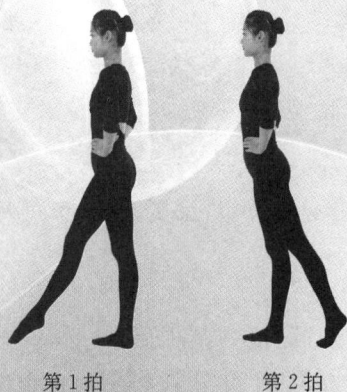

第1拍　　　　第2拍

图2-1　走步

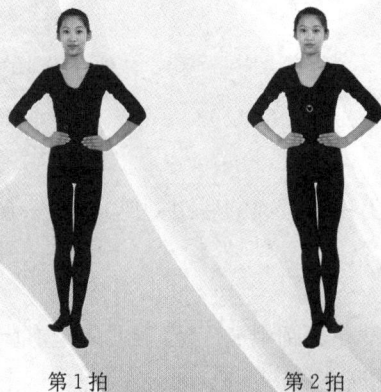

第1拍　　　　第2拍

图2-2　小碎步

3. 小跑步

按音乐节奏跑步,左脚向前小跑一步,同时右脚离地;右脚向前小跑一步,同时左脚离地,动作要有节奏地交替进行。小跑步时,幼儿之间可拉手小跑,也可独自叉腰或做其他动作小跑。小跑步也多用于活泼、欢乐的幼儿舞蹈中(图2-3)。

4. 蹦跳步

双脚正步并拢,一拍一次前脚掌着地跳跃,起跳前双膝略微弯曲,落地时单脚着地,跳跃要轻盈富有弹性。蹦跳形式有双起双落、单起双落、双起单落。蹦跳方向为前、后、左、右、斜前方、斜后方等(图2-4)。

第1拍　　　　　　第2拍　　　　　　　第1拍　　　　第2拍　　　　第3拍　　　　第4拍

图2-3　小跑步　　　　　　　　　　　　图2-4　蹦跳步

5. 后踢步

双手叉腰,正步站立,两脚绷脚交替均匀后踢小腿,身体稍向前倾(图2-5)。

6. 点步

主力腿(支撑腿)膝关节随音乐节拍原地屈伸或向任意方向上步,同时动力腿用脚掌、脚尖、脚跟随音乐节拍向不同方向点地,点步动作分为标点步、前点步、旁点步、斜方向点步、后点步、跟点步、交叉跟点步、跳点步等。点步可一拍一点,也可两拍一点,或一拍两点等(图2-6)。

第1拍　　　　第2拍　　　　第1拍(前点地)　第2拍(侧点地)　第3拍(后点地)　第4拍(交叉点地)

图2-5　后踢步　　　　　　　　　　　　图2-6　点步

7. 踮步

脚前掌在另一脚旁或脚后跟处踮地,另一脚随之离地,提抬身体重心,反复动作、也可两脚交替动作(图2-7)。

8. 踵趾步

踵趾步在幼儿舞蹈中被广泛应用,先迈右脚跟向顺方向点地,同时左腿略屈膝,上体略右倾,脸向左前方,再使右脚尖向右后方点地,同时左腿直立,上体略左前倾。此种动作可两脚交替进行,也可与其他动作连用(图2-8)。

28

第1拍　　　　第2拍　　　　　　　第1-2拍　　　　第3-4拍

图2-7　踮步　　　　　　　　　图2-8　踵趾步

9. 踵趾小跑步

先是左脚原地跳一下,同时,右脚尖伸向6点点地,然后左脚原地跳一下,同时右脚脚跟着地伸向2点,接着左脚原地跳一下,同时右腿稍屈膝越左脚前,脚尖点地向7点,左脚继续原地跳一下,同时右脚直腿向2点踢出。此动作可反复进行,也可交替进行(图2-9)。

第1拍　　　　　第2拍　　　　　第3拍　　　　　　第4拍

图2-9　踵趾小跑步

10. 踏跳步

踏跳步也可称为吸腿高跳步,动作时,一脚原地踏跳,同时,左腿向前吸起,脚尖向下,膝盖向前,然后,左脚落地踏跳,同时收右腿(图2-10)。

第1拍前半拍　　　第1拍后半拍　　　第2拍前半拍　　　第2拍后半拍

图2-10　踏跳步

11. 滑步

双腿经屈膝,左脚前脚掌向左经擦地迈出一步,同时双膝直,重心移至左。然后,右脚前脚掌经擦地滑至左脚旁,同时双屈膝,做反方向(图2-11)。

第1拍　　　　　第2拍　　　　　第3拍　　　　　第4拍

图2-11　滑步

12. 进退步

右脚向前踏地屈膝移重心,左脚离地屈膝,原地踏步,右脚前脚掌向后踏地,继续反复动作(图2-12)。

13. 钟摆步

在大八字步的基础上,两脚交替向2、8点勾脚踢出。上身分别向踢出的方向倾斜(图2-13)。

第1拍　　　　　第2拍　　　　　　　　第1-2拍　　　　　　第3-4拍

图2-12　进退步　　　　　　　　　　图2-13　钟摆步

14. 铃铛步

双手叉腰,两拍一步,第1拍双脚在原地做碎步或急速行进。第2拍,前半拍右脚掌踏地屈膝的同时,左腿伸直向右旁绷脚擦地踢出,身体随之倒向右侧,然后做反方向。在动作左右交替时,像是摇铃铛一摇一摆地进行(图2-14)。

15. 娃娃步

两脚交替屈膝向两旁踢出,脚心向上、脚踢起时向外撇,双膝尽量靠拢。双手可以五指张开、随身体自然摆动,也可一手臂侧屈肘于胸前,一手臂侧平举(图2-15)。

第1拍横碎走四步　　　　　第2拍　　　　　　　第1拍　　　　　第2拍

图2-14　铃铛步　　　　　　　　　图2-15　娃娃步

16. 猫跳步

丁字步准备,双膝微弯曲、一脚绷脚由里向前掏,跳出,着地的同时左绷脚,由里向前点地,右屈膝(图2-16)。

第1拍前半拍　　　第1拍后半拍　　　第2拍前半拍　　　第2拍后半拍

图2-16　猫跳步

17. 前踢步

双手叉腰,正步站立,动作时两脚交替向前绷脚直腿踢起,可前进做也可后退做(图2-17)。

18. 跑马步

上身稍前倾,一手在胸前,一手扬至头上方,做勒马举手扬鞭状,先左脚迈出,颤膝踮步,再右脚跃过左脚处颤膝踮步,动作呈跳跃状,像马儿奔驰一般。此种动作在模仿马跑或跳蒙古舞时常用(图2-18)。

第1拍　　　第2拍　　　　　　第1拍　　　第2拍

图2-17　前踢步　　　　　图2-18　跑马步

19. 交替步

双手叉腰,左脚向前迈一步,重心移到左脚,再右脚越过左脚旁踏地、重心移到右脚,同时左脚离地,接着左脚再向前迈一小步,重心移到左脚,右脚开始,动作相同,方向相反(图2-19)。

20. 十字步

先左脚向右脚斜上方跨一步,重心移左脚,再右脚向左脚前上方跨一步,重心移右脚,同时左脚跟离地,接着左脚向后撤一步,重心移左脚,右脚回原位,重心移到右脚,同时左脚稍离地面。动作时上体随步伐自然扭动(图2-20)。

21. 错步

左脚掌向前上一步,右脚在左脚内侧或脚跟处垫错一步,同时左脚离地,左脚掌向前迈一步。然后,右脚开始,动作相同,方向相反,左右脚交替起步等(图2-21)。

| 第1拍 | 第2拍 | | 第1拍 | 第2拍 | 第3拍 | 第4拍 |

图 2-19　交替步　　　　　　　　　　　图 2-20　十字步

第1拍前半拍　　　　　第1拍后半拍　　　　　第2拍前半拍　　　　　第2拍后半拍

图 2-21　错步

第二节　幼儿舞蹈作品概述

　　幼儿舞蹈作品就是借助孩子的形体和其他艺术手段创作出的舞蹈作品。它反映了孩子们的生活和精神世界,表达了幼儿的情趣、爱好、志向,有益于对孩子们进行德、智、体、美的全面发展教育,是一种形象生动,富有感染力,易于被孩子们接受的艺术形式。幼儿舞蹈作品的体裁、主题、表现形式都是丰富多彩的。从历史中的司马光砸缸救人到表现时代尖端的宇航员上太空,从宏观的太阳、月亮、宇宙到自然界的动物、植物,可真是大千世界,无所不有。当然,孩子的生活也是选材沃土,不管你在哪个天地里选材,都应该注意幼儿舞蹈的教育性和趣味性。幼儿舞蹈作品,应从幼儿生活出发,表现孩子的神态和形态,从选材到构思,从结构到语言都应该贯穿着这样两个字"童趣",即展示了幼儿的心态,又通过舞台这扇门窗,使他们认识生活美和自然美,从而发展孩子的观察力、记忆力、思维想象力和对幼儿舞蹈音乐的感受力、表现力。幼儿舞蹈作品的内容是其所反映的客观生活现象及作者的主观感受和评价,是客观生活的审美属性和作者主观审美意识的结合,是社会生活和作者思想感情融合而成的产物。它是构成幼儿舞蹈作品的一切内在因素的总和,包括题材、主题、人物、情节、事件、环境等。

一、幼儿舞蹈作品题材

1. 幼儿舞蹈作品的题材

　　幼儿舞蹈题材可以说包罗万象,如同满天的繁星,要想摘得那颗独特的星星,就需要幼儿舞蹈编导具备很强观察力和敏感度,全身心地投入到孩子的生活中,融入到孩子的情感中,碰触灵感,展开想象,才会发掘出有创作潜质的舞蹈题材。幼儿舞蹈的题材是指幼儿舞蹈作品中所反映和表现的孩子的社会生活内容,是指幼儿舞蹈作品中直接描写的生活现象。题材不同于素材,创作者在编创一个作品时,素材多是社会生活的原始材料,具有无比的丰富性和生动性,它是作品题材的来源和基础。题材是构成幼儿舞蹈艺术作品的材料,作品中具体描写的幼儿生活事件、生活现象,反映幼儿生活的哪一个方面,就是题材。它是幼儿舞蹈编导对其所掌握的大量生活素材进行选择、概括、提炼、加工后作为作品内容的材料。因此,如何选一个合适的题材编舞是每一个幼儿舞蹈编导者首先应该考虑的问题。

2. 幼儿舞蹈题材具有以下 4 个特点

(1)应有比较强烈的动作性。这是由于幼儿舞蹈艺术的主要表现手段是幼儿生理、心理和身体条件所决定的。一般来说,缺乏动作性的题材,用幼儿舞蹈语言来表现困难就比较大。

(2)应富有激动而饱满的感情。这是幼儿生活情感最激动时的表现形式,它是幼儿的其他艺术表现手段所难以比拟的,最能表现孩子内在精神世界和情感内容。

(3)应具有鲜明性。幼儿舞蹈在于表现大自然的美好绝妙,如幼儿舞蹈《花儿多多》,题材鲜明、精确,可塑性强,幼儿舞蹈编导在选材立意上花了很大的精力和心血。幼儿舞蹈编导利用道具把金闪闪、黄灿灿的花儿向着太阳、向着光明,生根开花,硕果累累的意境展现给观众,同时又再现了幼儿们的美好心灵,沐浴着党的阳光雨露,茁壮成长。实践证明,题材的鲜明使舞台上一幅幅的幼儿舞蹈画面产生了健康、向上、生动、活泼的效果。

(4)具有精准性。幼儿舞蹈题材能够精确地把握住孩子们的内心与外在世界,既有一看就懂的形象思维,又有耐人寻味的逻辑思考。一个成功的幼儿舞蹈创作者一定要清楚地表现主体对象和客体对象,注重幼儿舞蹈作品的视觉感、画面感等,所以在短短的几分钟内,幼儿舞蹈一定要做到选题用材的精确。

(5)应有较强的可塑性。幼儿舞蹈是门综合艺术,完美的幼儿舞蹈作品必须具备多方面的可塑性。包括音乐、灯光、服装、布景、道具等。音乐和幼儿舞蹈给人的感觉是水乳交融,如鱼得水,缺一不可的。道具也在可塑性上挖掘出潜力和想象力,而服装设计更是别具一格,独具匠心,柔和的色彩色调,精美的点缀装饰,既突出了个性,又有很强的艺术性、独特性、美感和鉴赏力。

总之,幼儿世界犹如色彩斑斓、绚丽多彩、千姿百态、变化无穷的"万花筒"。孩子们有着自己的大千世界,有着自己的一方天地,更有自己的自由王国。幼儿舞蹈的创编关键是在于要以孩子们的角度来挖掘题材,以孩子们的心理选择题材,以孩子们的手法表现题材。一旦掌握了这种创作规律,走上良性循环的创作道路,就不难发现,幼儿舞蹈的题材唾手可得,海阔天空。再经过创作者反复酝酿推敲,深思熟虑后,突出题材的鲜明性,把握题材的精确性,从而为下一步的创作打下坚实的基础。

3. 创作中一定要精选题材

我们应该感谢孩子们,是他们给了我们题材,给了我们生活,给了我们感受,激发我们创作的欲望和情感。

那么,怎样才能不断地推陈出新,标新立异,继续创作出孩子们喜爱的舞蹈作品呢? 首先面临的问题是选什么样的题材。对于幼儿舞蹈的题材,目前有种说法,认为面窄、单一太局限。但实际上并非如此,幼儿舞蹈的题材确实有一定的局限性,但自然也有一定的广泛性和广阔性。比如说对成人来讲一件普普通通、习以为常的事,而在孩子的眼里看来却是那么神奇美妙、乐趣无穷。孩子们可以为去一次动物园,吃一次"肯德基"兴奋不已,翘首祈盼;更为做了一场游戏中的主角,或比赛场上的冠军而欢天喜地、手舞足蹈。总之,孩子们也有属于自己的精神世界和感情世界。关键是在于要以孩子们的角度来挖掘题材,以孩子们的心理选择题材,以孩子们的手法表现题材。任何舞蹈作品,从小到大,从少到多,从轻到重,都离不开题材。题材的确立,关系着舞蹈思想性的高低深浅,影响着艺术性的优劣成败。在近几年中涌现出一批优秀的幼儿舞蹈作品中,都跟选择题材有着不可分割的密切关系,有一些好的题材,就像音乐有了主旋律那样激动人心,幼儿舞蹈《花儿朵朵》,题材鲜明、精确,可塑性强,幼儿舞蹈编导在选材立意上花了很大的精力和心血。

(1)题材具备了鲜明性。舞蹈在表现大自然的美好绝妙中,幼儿舞蹈编导利用道具把金闪闪、黄灿灿的花儿向着太阳、向着光明,生根开花,硕果累累意境展现给观众。同时又再现了幼儿们的美好心灵,沐浴着党的阳光雨露,茁壮成长。实践证明,题材的鲜明使舞台上一幅幅的舞蹈画面产生了健康、向上、生动、活泼的效果(部分参考金英华老师幼儿舞蹈知识讲座)。

(2)把握题材的精确性,幼儿舞蹈题材能够精确地把握住孩子们的内心与外在世界,既有一看就懂的形象思维,又有耐人寻味的逻辑思考。幼儿们思想单一,形象思维单一,不能层次太多、拐弯抹角,内容也不能复杂,一个成功的幼儿舞蹈创作者一定要清楚地表现主体对象和客体对象。尤其在短短的几分钟的幼儿舞蹈中一定要做到选题用材的精确。

(3)题材要有较强的可塑性,舞蹈是门综合艺术,完美的舞蹈作品必须具备多方面的可塑性,包括音乐、灯光、服装、布景、道具……音乐和舞蹈给人的感觉是水乳交融,如鱼得水,缺一不可。另外,在道具的运用上也要挖掘潜力和想象力,而服装设计更是要别具一格,独具匠心,柔和的色彩色调,精美的点缀装饰,既可以突出独特性,又可以增加其艺术性。

4. 创作中一定要巧于表现

幼儿舞蹈要巧于人与物的结合,动与静的处理,情与趣的表现。每个幼儿舞蹈编导在探索走自己的道路时,总是非常具体地从自己艺术创作实践的角度,感受到幼儿舞蹈艺术确实有其相对的独立性、独特性。

(1)要巧于人与物的结合。长期和孩子们相处,发现他们对动物或景物特别的偏爱。尤其是对前者,孙悟空、米老鼠、唐老鸭、黑猫警长、葫芦娃,都是她们心目中的偶像。

(2)要巧于动与静的处理。往往是一个精美的静止造型,或是一个立体的动感动态,是幼儿舞蹈编导者"出彩"之处,动中有静,静中有动,轻重缓急,有张有弛。处理好舞蹈中动与静之间的关系,就等于把握了这个舞蹈的精髓。幼儿舞蹈的创作也应该依循这种规律,利用孩子们天性活泼好动的特性,将舞蹈语汇升华、提炼,做到既要有动的力度,又要有静的韧度(部分参考金英华老师幼儿舞蹈知识讲座)。

(3)要巧于情与趣的表现。所谓画中有诗,情中有意,是对我们成年人而言,而幼儿更适合情中有趣,趣中有乐。孩子们喜欢在情趣中受启迪、受教育。童年是人生中的美好时光、金色年华,就应该充满欢声笑语,这也给我们幼儿舞蹈的创作者一个特定的领域。不管在幼儿舞蹈的选材上还是手法上都应该多创作些有情趣的作品,不管在情节、情绪、音乐、动作、服装、道具上都要注重有情有趣。做一个好的幼儿舞蹈编导一定要和孩子们一起,用美的色彩,美的舞姿,美的旋律,编织更美好的明天。

二、幼儿舞蹈作品主题

主题思想是幼儿舞蹈作品通过对社会现实生活的描绘和对艺术形象的塑造,所表现出来的情感意蕴和中心思想,是幼儿舞蹈作者经过对现实生活的观察、体验、分析、研究,经过对题材的概括和提炼而得出的结晶,也是幼儿舞蹈创作者对现实生活的认识、评价和理想的表现,这是创编幼儿舞蹈作品的核心部分。幼儿舞蹈作品的主题,是幼儿舞蹈作者在对社会生活和自然现象进行长期的观察体验后形成的。在一部幼儿舞蹈作品里要重视主题思想的表达包含着以下3层意思:

(1)主题思想的充分表达是艺术创作的目的所在,在整个创作过程中,我们要调动一切艺术手段为表达主题思想服务。

(2)幼儿舞蹈作品里的主题思想要千方百计地用幼儿舞蹈的手段来表达,一切用非幼儿舞蹈手段硬贴在作品上的思想观念,必将破坏作品的内容与形式的统一,不可能收到良好效果。只有将思想寓于形象之中,使主题与幼儿舞蹈形象完美结合,才可能产生动人的作品。

(3)幼儿舞蹈的题材和主题同属幼儿舞蹈作品内容的组成部分,它们既有联系又有区别,题材是幼儿舞蹈作者从大量生活素材中筛选提炼出来的,在幼儿舞蹈作品中用以表现主题的可以被观众形象感知的人物的行动和生活场景;而主题则是通过这些人物的行动和生活现象所表现出的肯定或否定的情感和思想倾向。两者是不可以混同的。

三、幼儿舞蹈作品人物

人物是幼儿舞蹈作品主要描写和表现的对象。幼儿舞蹈作品最常表现的内容就是人。各种不同思想、情感、性格的人以及他们的各种行动,可以通过各种生动的幼儿舞蹈形象来表现社会生活,表达作者对孩子生活的审美评价和美好生活的理想、愿望。人物也是幼儿舞蹈作品和观众进行交往的传播方式,是孩子通过作品表达自己心理活动的独白,是把欣赏到的生活自然形态动作进行加工、提炼、升华,使之成为优美的幼儿舞蹈形体动作,这种鲜明的人物性格、人物思想、人物情感以及和孩子之间的矛盾冲突,让观众为之震撼,也使得幼儿舞蹈具有一定的审美价值。

四、幼儿舞蹈的结构

幼儿舞蹈的结构要求严谨、巧妙、新奇,其结构和形式大大区别于成人幼儿舞蹈,如成人舞蹈交代剧情不必那么详尽,点到为止,大量的篇幅用于抒情,以情带舞,其余的让观众去想,留有回味的余地,而幼儿舞蹈却不是这样,其剧情需要叙述得特别清楚,也可以动用其他艺术手段,如唱词、快板、对话、舞美等,并将这些手段和幼儿舞蹈艺术和谐地融为一体。在幼儿舞蹈创作中,把握孩子的生理承受能力和表演实践能力的平衡点就是重中之重,因此整个结构和内容必须短小精悍,这样,既能符合幼儿舞蹈的特殊形式,又能明确表达幼儿舞蹈内容和创作者的思想意图,体现幼儿本体的意蕴性并使之充满童趣。

五、幼儿舞蹈作品情节

情节是孩子的生活和事件的演变发展过程,即人物之间的联系、矛盾和一般的相互关系——某种性格典型的成长和构成的历史。幼儿舞蹈作品的情节是由一系列能够显示人物与人物、人物与环境之间关系的具体事件发展过程组成的,是说明人物之间的相互关系、矛盾纠葛以及舞剧中的主要事件,它是根据主题思想安排的,主要通过人物表现出来。情节是人物性格成长发展的历史,是由许多细节组合起来的,即一系列的戏剧要素组成的,它被幼儿舞蹈编导有机地安排,为了清晰地将事物的内在联系展示给观众。在戏剧性幼儿舞蹈中,由于有人物性格之间的矛盾冲突,情节跌宕起伏,动作性强;而在叙事幼儿舞蹈(情节舞)中,情节事件虽然比较简约单一,但其安排应巧妙合理,既在情理之中,又出人意料,这样就能取得引人入胜的艺术效果。

六、幼儿舞蹈作品环境

环境一般是指幼儿舞蹈中的情节事件发生的具体生活场景和时间、空间的氛围。既可借助于舞台美术——灯光、布景、道具的光线、色彩和声音营造出特定的时间和空间,也可以通过幼儿群舞的队形画面的移动、变化,引发出观众的艺术想象,创造出幼儿舞蹈的环境和氛围。幼儿舞蹈作品应掌握幼儿艺术审美的思想性、艺术性、可视性的同时,与强烈的时代精神,浓郁的民族特色以及鲜明的幼儿情趣融为一体。运用幼儿舞蹈的多种创作技法和舞台多媒体、灯、光、色、道具、布景等艺术手段来表现幼儿本体的意蕴性、语言性、情感性、新奇性、趣味性。

第三节　幼儿小歌舞创作过程

幼儿舞蹈的创作过程是多种多样的,但是有一定的规律,编成人舞蹈过程需要两个阶段,一是内化舞蹈阶段,二是外化舞蹈阶段。幼儿舞蹈也是这样,有人称幼儿舞蹈为麻雀虽然小,肝胆俱全。创编幼儿舞蹈既有与成人舞蹈的共性,又有幼儿舞蹈的个性。创作中每个幼儿舞蹈编导都会找一种或几种适合自己的方法来进行创作,我们这里所说的幼儿舞蹈编导创作的过程是一般的普遍规律,也是比较简单有效可行的方法。

一、幼儿舞蹈作品的构思——内化阶段

(一) 幼儿舞蹈作品的选材

选材是整个幼儿舞蹈创作过程中的第一步,所谓选材就是选择表现作品的主题思想的材料。选材的过程也就是确定作品思想立意的过程,是创作中尤为重要的一个环节。"选材得当,成功一半"这句话说得好,可见选材对幼儿舞蹈作品是多么的重要。我们在幼儿舞蹈创作初期往往会觉得选材是个大麻烦,"不知道编什么好"这是大多数幼儿舞蹈编导都面临过的问题。我们常说生活是创作的源泉,在多姿多彩的幼儿世界里,幼儿舞蹈编导要怀揣一份热情,从幼儿生活的实际出发,仔细观察孩子的生活、捕捉幼儿舞蹈形象,从孩子们的性格、情感以及所处的时代出发,对幼儿生活保持足够的敏感,有意识地观察和体验孩子周围发生的一切,准确地判断、衡量五彩缤纷的幼儿生活中孩子的神态、形态、动态等。幼儿舞蹈编导的选材范围一定是在孩子广泛的社会生活中根据自己的审美情趣、审美理想进行选择的,然而幼儿舞蹈题材并不单单是社会生活的客观写照,而是需要经过幼儿舞蹈编导升华的、体现幼儿舞蹈编导主体观念和审美要求的。由于每个幼儿舞蹈创作者生活经历、文化素养、兴趣爱好、性格特征以及接受幼儿舞蹈教育的经历不同,就会对所表现的幼儿舞蹈内容有不同的理解和感受,使用不同的方法和手段,创造出不同的幼儿舞蹈形象。因此,幼儿舞蹈编导的审美水平和艺术视野等修养会直接影响作品的优和良。

那么,如何从孩子生活中选材?如何获得一个较好的幼儿舞蹈题材?对幼儿舞蹈编导来说是一件难度较大的事情。一般来说,幼儿舞蹈作品的题材应当广泛多样,从各个角度反映孩子社会生活的面貌。选择幼儿舞蹈题材应当遵循幼儿舞蹈艺术反映生活的规律和特点。例如,缺乏动作性的选材用幼儿舞蹈肢体语言来表现困难就比较大,因此幼儿舞蹈选材应具有动作性。但是,又绝不是凡能动起来的题材都适合幼儿舞蹈,还需要饱满的内心激情,并且还要便于用幼儿舞蹈手段来表现。选择幼儿感兴趣的幼儿舞蹈题材,这是幼儿舞蹈创作的法则。要想吸引幼儿的眼球,启迪幼儿共同参与,选材就必定要充满童心、童趣。幼儿舞蹈取材可分为以下两种:直接选材和间接选材。

1. 从幼儿生活中直接选材

幼儿舞蹈创作创作的源泉——幼儿生活,从孩子们的社会生活中去发现和汲取适宜表演的、为幼儿所接受的、符合幼儿审美的生活形象素材。这要求幼儿舞蹈编导必须在幼儿群体中亲历他们的生活,将自己的心态"童化",细心观察、体验和积累幼儿日常生活素材,从中筛选具有本质意义和主流走向的生活素材,幼儿舞蹈编导被幼儿生活中的某些事物、某些具体形象所激发,从中受到启发,产生编舞动机,并且随之产生对主题情节的一些具体设想,头脑里产生许多画面,经过筛选而选定。目前,幼儿舞蹈直接选材有各种各样的表现方法。

(1) 从幼儿生活中直接选材,范围包括幼儿个体的活动和幼儿相互之间的活动,表现生活中孩子们自身可爱的动态和天真的性格,幼儿与本体之外的一切物体间的活动以及自身的思维空间,以孩子本身的生活片断为素材,经过提炼和加工,构成教育性较强的故事情节的幼儿舞蹈,如《挑食的孩子》《我是一粒米》《娃娃的娃娃》《小蝌蚪找妈妈》《宝宝会走了》《动画时间》《小问号》等。

(2) 通过孩子本身的形象,表现他们天真、烂漫、活泼、可爱的性格及动态、神态、想象、幻想、追求、展望等,如《欢庆六一》《妞妞》《牧童》《小男孩》《娃娃乐》《快乐六一》《我生日》《看大戏》《小水兵》《牙牙与泡泡》《我是解放军》《我可喜欢你》等。

(3) 模仿成人劳动,表现劳动和日常起居,助人为乐以及尊老爱幼等生活场景也是幼儿舞蹈选材的源泉,如《小司机》《小牧民》《丰收乐》《摘果子》《小小炊事员》《洗涮涮》《快乐奶仔》《采莲》《打电话》等。

(4) 从丰富多彩的大自然中选材。自然界中各种生物的活动以及宇宙间风、雨、雷、电、山、河、星、云等自然现象都是幼儿舞蹈创作的丰富资源。丰富多彩的大自然中蕴藏着无限的奥秘,孩子们对大自然的兴趣是与生俱来的,这一类题材可以从幼儿喜爱的、感兴趣的动植物入手,如小青蛙、小蚂蚁、大灰狼、蒲公英等;从幼儿好奇的、极富探索欲望的日月星球、风雨雷电入手,如《种太阳》《数星星》《我们的地球》《我们的星球》《小鱼吹泡泡》《蚂蚁搬豆》《袋鼠妈妈》《小树》《熊猫咪咪》《唐老鸭》《我的小鸡》《鱼儿乐》《小蚂蚁》

《花儿朵朵》等作品。这些题材不仅可以充分表现孩子们对自然的热爱和丰富奇特的想象力,而且可以使孩子开阔视野、增长知识。

(5)根据时代发展和当前形势来选择题材。时代在发展,社会在进步,幼儿舞蹈更是需要与时俱进。这类题材要求幼儿舞蹈编导对时代的发展,对孩子们的需求特别敏感。比如,世界性节日、环境保护日、成功发射人造卫星、奥运会申办成功、学习英雄、通过生活的某个侧面,反映出一定教育意义的题材等主题,都是对培养孩子们的思想品质具有重大意义的,对孩子们的健康成长起到了积极的引导作用,如《偶像》《小树》《抓黑客》《喜庆奥运》《吉祥福娃》《嘚啵嘚啵得》《牙牙与泡泡》等。

2. 间接从生活中选材

这种选材的方法就是以其他创作形式为媒介,对艺术形象进行变换形式的再创作。间接从生活中选材就是从各"姐妹"艺术中选材,"姐妹"艺术为幼儿舞蹈的选材拓展了更为广阔的空间,取之不尽,用之不竭。幼儿舞蹈创作不论是从哪一门艺术选取题材,最基本的方法就是以"姐妹"艺术作品为依托,对其中适宜幼儿舞蹈创作的部分进行幼儿舞蹈再创造,使其演化为幼儿舞蹈作品。

(1)以音乐作品为依据选材。从幼儿喜欢听、喜欢唱的成功的音乐作品中选材,如《步步高》《采蘑菇的小姑娘》《小小手》《分果果》《娃娃》《小白鸭》《小松鼠》《小指挥》《布娃娃》《找朋友》《丢手绢》等。

(2)从经典的美术作品中选材。以幼儿美术作品为依据选材,如《拔萝卜》《三个和尚》《年画》《戏偶》《小彩泥》等。

(3)借鉴中外舞蹈文化选材。如《满童乐》《苏珊娜》《俄罗斯小姑娘》等。

(4)从优秀的文学作品中选材。寓言童话和幼儿文学作品是孩子们学习生活中重要精神食粮,孩子们从中懂得了真善美、假恶丑以及一些做人的道理。幼儿舞蹈作品可以以这些寓言童话故事为依托,创造出栩栩如生的幼儿舞蹈童话形象,用肢体语言的方式对孩子们进行正确的引导。由于有了寓言故事依托,这一类题材通常为幼儿所喜爱和接受,如《白雪公主》《皇帝的新装》《美人鱼》《小马过河》《小猫钓鱼》《司马光破缸救人》《哪吒闹海》《雪孩子》《卖火柴的小女孩》《长发妹》《猫鼠之夜》等。

(5)从科学幻想中选材。从孩子对科幻、宇宙、海洋、太空的创造型想象中选材,开阔孩子们的视野,预示科学发展的可能性,培养孩子热爱生活、向往美好未来的情感,启迪孩子的智慧,丰富想象力,如《太空人》《未来在召唤》《月球朋友》《海鸥》《机器人》《月球上种瓜瓜》《蓝天下的博士蛙》《与太空人对话》等。

3. 选材中应注意的问题

(1)注意在选材中角度一定要新、奇。同样一个题材,每个人的角度不一样,效果也不一样,幼儿舞蹈选材贵在新、独特,如《荡秋千》中把秋千和春天的枝条融合在一起,产生出新颖的幼儿舞蹈画面,表现秋千伴我童年的好时光。

(2)选材一定要考虑幼儿舞蹈艺术的特殊规律,幼儿舞蹈是以人体动作为表现手段的人体艺术,必须通过幼儿舞蹈的形象思维去考虑,这个作品有没有动感,舞台空间构图的效果等,要以幼儿舞蹈编导的眼光去观察、吸取生活中的一切,对选出的题材要有感情和冲动,要选择你感情浓度强的作品。

总之,幼儿舞蹈的题材来源非常广泛,要求幼儿舞蹈编导的知识面要宽,眼界开阔,想象力丰富,带着一双善于发现的眼睛在广阔的空间中选取素材。但是,不论来自哪方面的题材都要突出一个"选"字,绝不可俯拾而取、照抄照搬、盲目跟风、草率移植,必须与时俱进,以幼儿的视角予以提高和深化、发展与升华,从而使幼儿从中得到情操的陶冶和思想的启迪。

(二)幼儿舞蹈的构思

选定题材后,就要进入创作之前的设想,即所谓的构思。在这个过程中要考虑舞蹈作品的主题思想是什么,依据人物性格确定由哪个年龄段孩子出演,整个舞蹈作品分为几个组成部分,用哪种结构形式去表现,为展示主题应该创设什么样的舞台背景,舞蹈的动作、调度、音乐、服装、化妆、道具如何设计等。归根结底,构思的工作是千头万绪的,幼儿舞蹈编导一定要集中围绕舞蹈的选材和主题有目的、有步骤地展开。

舞蹈的构思实则为思想孕育的过程,主要是解决表现什么和如何表现这两个问题。我们以幼儿舞蹈《流动娃》为例,体会一下舞蹈编导朱东黎的整体构思。

1. 表现什么

舞蹈《流动娃》取材于时事热点,以中山市在全国率先实行"流动人口积分制",让流动幼儿也有机会进入公办学校学习为切入点,其主题思想表现了全国各地流动孩子在党和政府关怀下,幸福成长的感人故事,独特的视角、鲜明的立意具有极高的亲民度。

2. 如何表现

幼儿舞蹈编导依据人物性格,选用的 26 个小演员全都是来自祖国大江南北的流动娃们,让农民工子弟来演,演的就是农民工子弟,这也是幼儿舞蹈编导在构思中的成功之处,孩子们天真淳朴的笑脸,丰富夸张的表情,有趣诙谐的动作,让观众感觉似曾相识并赏心悦目,生动地展示出一群跟随父母到广州的流动娃的朴实情感;另外,舞蹈的结构和语汇都是充分为作品需要和演员特点而精心设计。无论是开篇一群穿着土气的"野孩子"跑上来,搓着衣角傻傻地笑着,还是发展部分"四川的芙蓉花"泼辣的动作、"河南的牡丹花"大方的动作、"山西的石榴花"利落的动作、"安徽的月季花"婉约的动作、"东北的大雪花"豪爽的动作以及模仿火车行进的动作、孩子们擦鼻涕、提裤子的动作、下火车后风风火火的动作等,或是舞蹈的高潮和尾声部分流动娃们高举着书包喊着"上学了",处处都体现着幼儿舞蹈编导的巧妙构思;还有,舞蹈音乐中融入的火车汽笛声、火车站的广播声、孩子们纯正的方言,以及各地极具代表性的曲艺,与舞蹈动作相得益彰,也体现了幼儿舞蹈编导构思的深厚功底;当然还有舞蹈的服装设计、脸谱道具的运用、舞台画面的调度以及舞台灯光的使用等因素,让我们看到整个编排构思相当成熟,而构思的细节又无不闪射着舞蹈编导的睿智。

(三) 划分幼儿舞蹈作品的结构

幼儿舞蹈作品的题材一经确定,就应该将所选的题材按照需要进行合理的组织、搭配和排列,这便形成幼儿舞蹈的结构。幼儿舞蹈结构就是将舞蹈整体的各个部分进行搭配和安排,是作品形象和主题表现的一个基本构造方法,即幼儿舞蹈编导依据对生活的认识、对舞蹈的理解以及根据表现主题的需要,将舞蹈动作以及各种表现手段都按其创作意图进行了恰如其分的布局,使其首尾相通,既符合观众的审美心理,又适应舞蹈作品形式的需要,使整个舞蹈作品完整、和谐。具体来说,"结构"是幼儿舞蹈编导头脑中的创造,其主要表现为幼儿舞蹈编导在思考"表现什么"的同时又在思考"怎样表现"。

常见的幼儿舞蹈结构有以下 5 种。

1. 情绪性结构

这种情绪性结构应用非常广泛,包容性极强,是一种或多种的特定情绪作为贯穿幼儿舞蹈的主线。一般没有故事情节,或者只有简单的情节,没有矛盾冲突,多数是情绪舞,它主要是以动作、节奏、速度和画面的对比变化来表现幼儿舞蹈的。常见的体式有以下 3 种。

(1)一段体结构体式——以单一的情绪或情感贯穿舞蹈的始终,舞蹈的节奏前后一致,或从始到终都是欢快的色调,或从始到终都是柔美的色调,又或从始到终都是清新的色调。如幼儿舞蹈《向前冲》,就是采用了一段体的结构体式,快板节奏一快到底,以"向前冲"的情绪一"冲"到底,形象地反映了幼儿夸张率真的性格特征,以"冲"为动机,由"冲"中流泻出的勇敢向前、果断向前、坚毅向前的情绪贯穿作品的始终。

(2)二段体结构体式——以两种特定情绪先后展开为特色,在节奏处理上根据作品的需要先快板后慢板或先慢板后快板,根据作品的不同有所侧重,使两种情绪出现浓与淡、舒与缓的对比。它以两种不同的情绪或情感先后排列直至舞蹈结束,舞蹈的节奏快慢结合,也称之为 AB 式。根据舞蹈的情绪或情感需要,可先快后慢,也可先慢后快,但在处理布局上要注意有所侧重,以突出舞蹈的主题。如幼儿舞蹈《傣乡童乐》,就是采用两段体结构,从开始悠然戏水的中板,转入喜获大鱼的快板而构成了情绪的对比。

(3)三段体结构体式——以两种或两种以上的情绪间隔或先后出现为特征的,通常称为 ABA 式也称首尾呼应式。如幼儿舞蹈《幸福一家》,第一段以优美的中板开始,第二段转为热烈的快板,最后又回归至第一段的情绪,但是第三段的再现比第一段的情绪更加浓郁,使观者久久地沉醉于"幸福"之中,留下无穷的回味。这种结构体式的情绪变化和节奏变化较大,在布局中,ABC 这种 3 段式多为情节舞,也有情绪舞,值得注意的是,转换处要既合乎逻辑又出乎意料。

2. 情节性结构

情节性结构也称戏剧性结构,是幼儿舞蹈中加入了情节部分,是用一条有的放矢的戏剧性主线贯穿始终,通俗地讲就是以叙述一个有故事情节、有人物形象的故事为特色。这种结构需要紧紧围绕故事发展情节做出"前提—发展—结局"的铺排,要充分运用幼儿舞蹈的手段讲述故事情节,塑造鲜明的人物形象,揭示作品的主题思想。

3. 音乐结构

音乐结构并不是一个完全独立的结构形式,它可以说是前两种结构方式的转化,与之密切相关,只不过选材是从音乐中来。就是将音乐形象转化为幼儿舞蹈形象,是两种形象水乳交融,成为视听一体的、新的幼儿舞蹈艺术形象。这种音乐结构是以成功的音乐作品为依托的,要求幼儿舞蹈编导首先要对音乐作品有深刻的理解和认识,分析其曲式结构,音乐动机、旋律、节拍等,在充分理解和感受中去寻找动感鲜活的幼儿舞蹈形象和组织幼儿舞蹈语汇。

以下是结构计划内容,是幼儿舞蹈编导对构思成果的表格化表述,这不仅对后续创作和各部门合作有着重要的意义,同时也是创作过程的依据。

① 剧目名称:
② 作　　者:
③ 剧中角色:
④ 内容简介:
⑤ 幼儿舞蹈结构:
⑥ 创作时间:　　　　年　月　日
⑦ 舞蹈时间长度表:

这一步是幼儿舞蹈编导和作曲家合作的关键一步,作曲家根据幼儿舞蹈编导的意图、要求来作曲,幼儿舞蹈编导则把自己的构思写成舞蹈时间长度表(表2-1),提供给作曲家。它就好像电影导演分镜头一样,以后的音乐和舞蹈就按照这个提示一段段地进行创作。

表2-1　舞蹈时间长度表

段次	内容	幼儿舞蹈形象	时间长度	音乐要求	舞美要求	备注

一些幼儿舞蹈编导在结构上进行了创新,由于还没有在质的方面形成突破性进展,结果是作品平淡无味,不能吸引欣赏者的眼球。但是,创新就是追求突破。我们希望创作者敢于打破常规,用心去探索,只有这样,老的结构体式才可以出现新的作品,新的作品则更加鼓励结构上的创新。

4. 时间、空间、动作结构

这是一种借西方现代编舞结构的基本要素进行幼儿舞蹈创作的现代创作结构,分别指空间结构、时间结构、动作结构。

(1) 空间结构:主要依赖于舞台三维空间的造型活动,舞台空间是三维空间,三维空间是指高度、宽度、深度。幼儿舞蹈编导运用三维空间创造出各种图形和动作、姿态来传递它的意蕴。舞蹈属于造型艺术,造型艺术又根据空间意识感觉分为运动空间、触觉空间和视觉空间,他们之间既相互区别又相互联系。幼儿舞蹈编导在创作中主要与运动空间密切相连,运动空间是无形的、立体的,在这无形的、立体的空间中移动路线、转换位置,表现各种各样的幼儿动态形象。

1) 立体的空间结构:这是指小演员在三维空间当中,运用各种人体动作、姿态、造型、构图等要素按照一定规律组成的美的对象。在舞台三维空间中高度、宽度、深度占有实际的空间。空间立体结构包括点和线。

2) 流动的空间结构:在舞台空间,小演员站立位置的疏密、大小、高低的动作与造型的变化,给观众视觉上以某种立体的空间感。所谓"线",不同角度的弯折线,包括曲折线、弧线等,这些线条能够表现出一定程度的幻觉,从而形成另一种空间形态。

3) 重叠的空间结构:这是在平面上建立的空间关系,是利用人的视觉局限性去表现另一种空间的形态。它们或是两人以上的重叠造型,形成自然的层次感。

4) 透视性空间结构:在空间中观众的视觉可以分辨出远近不同的物象,这是因为人的视点固定不变造成的。由于远近的关系,能产生近大远小的感觉,造成一种透视性的空间感。

(2) 时间结构:舞蹈是空间结构和时间结构两者相结合的产物。空间结构偏重于三维空间中的姿态造型,时间结构偏重于由一个接一个连续不断的动作元素组成的流动性动作和运动轨迹。所谓流动性就是指舞蹈的时间性,在有限的时间内怎样去用动作表现主题,就是时间结构。时间结构包括两个要素:速度和节奏。它具体指动作的前后关系和动作时间的持续状态,而动作时间的持续状态,又来自时间上的分割。它们与音乐关系密切。

1) 速度:在音乐中,速度就是指进行的快慢,即节拍的频率。在幼儿舞蹈中通过在一定时间内进行的幼儿舞蹈表现体现出来。速度能够决定一部幼儿舞蹈作品的风格,每一音乐形象与动作所进行的一定速度相关。表现活泼、愉快的情绪时,就用快速度;表现优美的意境时,则用中速度;表现哀伤或抒情动作时,用慢速度等。

2) 节奏:节奏是音乐最重要的表现手段,其特点表现在具有一定程度的"独立性"。节奏与轻、重、缓、急和抑、扬、顿、挫的节拍相联系。节拍从音乐小节的强、弱拍中产生,小节中强拍有主导作用,弱拍是从属作用。小节中的节拍有强弱,各小节之间也有强弱关系,这些均构成一种节奏来形成舞蹈作品的风格。一部幼儿舞蹈作品,如果没有速度,没有节奏的安排,就会使作品没有高潮,没有起伏,给观众以平淡无味的感觉。

(3) 动作结构:它包括3项内容,即表现性动作、由表现性动作组成的表现性舞句和由幼儿舞蹈舞句构成的表现段落。它以表现性动作为核心,是构成幼儿舞蹈句子、舞蹈段落的基础。通过把各个零碎的表现性动作元素,合乎逻辑地联结起来,并清晰、生动、形象、合情合理地表述幼儿舞蹈思想。它类似电影运用各个镜头去表述故事,类似文学运用文字去叙事一样,幼儿舞蹈正是由若干个表现性动作元素组成句子,再由若干个舞蹈句子构成舞蹈段落,由若干个舞蹈段落构成一部作品。

1) 生活动作。写实表现运动是指幼儿舞蹈编导将所见所闻如实地表现出来的一种方式。作品写实表现涵盖的内容很宽泛,它包括:孩子日常生活动作的各个方面,如起床、睡觉、穿衣、吃饭、拍手、画画、唱歌、跳绳、荡秋千等;模仿成人劳动动作,如锄地、插秧、割麦子、采茶;模仿成人生活动作,如缝衣、织布、提水、切菜、洗衣服、追赶、钓鱼、放鞭炮、推门、关门、开汽车、弹钢琴、拉手风琴、拉小提琴、吹唢呐、敲扬琴、打鼓、听诊、打针、交警的手势等动作。

2) 孩子的情感动作。表现孩子的情感动作也很多,如乐得直蹦高,高兴得拍手,悲伤地低下头,惊恐地后退,失望地耷拉着脑袋,兴奋得直点头,激动地挥舞手臂,等等。孩子的情感动作可以夸张变化,放大变成艺术搬上舞台。

3) 孩子的游戏动作。孩子的游戏动作模式也可以编成舞蹈,如踢石子、藏猫猫、钻山洞、滑倒、踩水等。

4) 孩子对动物、植物等自然现象的模拟动作。对动物、植物模拟的写实性动作是幼儿舞蹈艺术比较擅长的写实表现动作。模拟的动物有孔雀、猴子、老鹰、马儿、猫、蝴蝶、鱼等;模拟的自然现象有波浪、火焰、流水等;模拟的植物有树、花、苗苗等。

总之,在幼儿舞蹈创作中,表现人的写实运动要比表现动物、植物、自然现象的写实动作容易一些。对动物、植物、自然现象写实表现则要求幼儿舞蹈编舞者要有敏锐的观察力,要有一双善于发现的眼睛,要善于抓住动物、植物、自然现象的主要特征,展开艺术想象力,并对其进行一些艺术夸张的处理,构成一个完整的动律,围绕主题再延伸出无数个辅助性动作,从而构成一个完整作品。

5. 心理式舞蹈结构

这是一种西方舞蹈艺术的创作手法,即心理式结构的舞蹈创作,主要以孩子的心理活动线来设置幼儿舞蹈的框架的,是以表现孩子心理活动为核心。心理式结构是孩子的理性思维指导的心理活动,它以挖掘和表现孩子角色的错综复杂的心理活动为主,是用孩子的心理活动的方式去搭建结构的。它们的共同特点是表现孩子的内心世界,分析孩子内心情感,凸显孩子的内心活动轨迹。在幼儿舞蹈中,它随着孩子的心理变化,表现孩子的内心世界与情感,幼儿舞蹈编导可以根据孩子的情感对题材进行布局和取舍,集中凝练地表现幼儿舞蹈主题思想。

(四)写幼儿舞蹈台本

幼儿舞蹈选材定题成熟后,就需要把想象中的幼儿舞蹈,按照台本的要求写出来。一般幼儿舞蹈台本分以下3个层次:

1. 写幼儿舞蹈台本内容简介

用简练生动的文字,将幼儿舞蹈作品的主题思想、背景、人物、性格、气质以及展示主题所设置的典型环境和主要情节介绍清楚,以便排演中准确地表达主题思想。

2. 写幼儿舞蹈台本结构

幼儿舞蹈作品内部各个组成部分的搭配、排列称为幼儿舞蹈结构。作者根据自己对生活的理解,按照主题思想的需要,把所要表现的生活材料、人物、事件组织起来,加以合理安排,使其符合生活规律,又适应特定的幼儿舞蹈艺术形式和要求,这就是写结构的过程;也可以说是以突出主题思想为目的,把题材概括、提炼、构思成幼儿舞蹈艺术结构。曾有人把幼儿舞蹈创作层次以人体构造比喻:主题——头脑;结构——骨架;动作和作曲——血脉;外形——肌肤。这种比喻把幼儿舞蹈作品说成了血肉之躯,也强调了结构的重要性,因为骨架不稳固必将面临失败。在写结构的同时,要有一个巧妙的构思。幼儿舞蹈的构思是一个未来幼儿舞蹈全部想法的总和,那么应该构思什么呢?面对你选定的题材,你怎样去表现,分几段落,会用什么道具服装,出现哪些队形、画面;用什么音乐?主干动作是什么?作品的意境、主题怎样表现?这些应该统统包括在构思之内,也就是编幼儿舞蹈前的内化阶段所要做的。写结构一定要清晰,开头、发展、结尾一定要层次分明。

3. 解决好幼儿舞蹈音乐

舞蹈和音乐是人类文化史中起源最早,最典型的孪生的艺术形式。在一般的情况下,有舞必有乐。在幼儿舞蹈创作中,音乐和幼儿舞蹈同步并进,幼儿舞蹈借助音乐表达舞者情感,幼儿舞蹈音乐直接刺激人体动作,并通过人体动作产生直接的感情体验,两者共同揭示主题,抒发情感的魅力,在审美体验中,起着强化、增色的互补作用。音乐是幼儿舞蹈创作结构中一个有机组成部分,这个无形的角色,伴随幼儿舞蹈内容和情绪运动而发展,音乐是形成幼儿舞蹈的重要元素,担负着调节情感、增强舞台流动的感染力,强化运动画面的视觉内容,烘托气氛,建造幼儿舞蹈形象的重要作用。音乐的纯质效果,直接影响幼儿舞蹈创作的实际效果和未来发展。因此,根据主题发展脉络,按情感发展规律,掌握旋律、节奏、曲式、和声、调性以及高、低、长、短、缓、急的音乐特性,进行幼儿舞蹈音乐形象创作是幼儿舞蹈作品成功的关键。幼儿舞蹈和音乐是密不可分的,幼儿舞蹈是幼儿音乐形象化的表达,幼儿音乐是舞蹈声响化的体现。幼儿舞蹈具有其特有的个性,因此音乐也应与其相适应。目前,解决幼儿舞蹈音乐的方法有以下4种:

(1)采用孩子们喜爱的儿歌。脍炙人口的幼儿歌曲具有广泛的群众基础,不但会受到小朋友的追捧,也会勾起成年人的回忆,从而产生热烈共鸣,但是对儿歌的选用,应该根据舞蹈内容,发挥艺术想象力,进行必要的提炼、改编与加工,以便于更能展示出新的幼儿舞蹈艺术风采和艺术活力。

(2)依据幼儿舞蹈作品内容和情感创作幼儿舞蹈音乐。这需要掌握较深的作曲能力。乐曲有其客观的规律和音乐写作的方法,在创作时一定要以适合舞蹈内容和情感为基础,以幼儿的审美情趣为标准,创作出优美动听、活泼健康,和舞蹈作品相得益彰的音乐。

(3)采用剪辑音乐的方式。这是为幼儿舞蹈作品寻求音乐最为可行有效的方法之一,幼儿舞蹈编导要依据幼儿舞蹈作品的艺术构思,酌定音乐素材,剪切适合舞蹈发展的歌曲或是乐曲,可以截取某一乐曲的某一片段予以重复,也可以从几个乐曲中截取情绪相同或相近的片段进行连接,必要的时候,还可加入录制的画外音。总之,最终合成的音乐要流畅自然,和谐统一,并与幼儿舞蹈构思的各个方面结合得天衣无缝。

(4) 选取幼儿舞蹈音乐时,还需要注意以下 6 个方面:①按幼儿舞蹈结构,选一个合适的音乐;②听了一首好听的音乐或歌曲,以这一首乐曲为基础构思创作一个舞蹈;③首先充分地、详细地分析一下该作品的曲式结构、分段以及小节数(长度);④掌握该作品的力度、速度,从音乐的角度去寻找进行二度创作的支持点;⑤了解该作品的风格、年代、内容以及作曲家的意图;⑥按照舞蹈结构,写一个合适的音乐。

二、幼儿舞蹈作品的呈现——外化阶段

幼儿舞蹈作品的音乐确定好之后,开始编幼儿舞蹈了。如果说构思是舞蹈的设计阶段,写音乐或编辑、剪接音乐是舞蹈的准备阶段,那么创作幼儿舞蹈动作、画面、舞美等就是施工阶段。尽管施工阶段会更加艰难,但每一次灵感的迸发和动作的捕捉也会带给编者更多的乐趣。

(一) 捕捉幼儿生活中的舞蹈形象

生活是艺术的创作源泉,舞蹈形象的产生都是从生活当中来。孩子们对自然界的事物都充满了好奇心,幼儿的生活是色彩斑斓的,幼儿的情感是丰富多变的,毋庸置疑,这是最珍贵的幼儿舞蹈动作源泉,曹尔瑞老师也曾经说过:"所有的艺术都源于生活,你要想反映孩子生活,表现孩子情趣,我觉得很简单一个方法就是走进孩子,跟孩子一起就会发现他们无穷无尽的乐趣。你看着孩子的眼睛你就感受到了孩子的单纯,听着他们的笑声,你就感受到他们的愉快,你会跟他们一起翩翩起舞,去表现他们的快乐。"充分细致地了解和研究幼儿的生活,不仅为攫取具有幼儿生活气息、自然天成的提供动作形态,而且为进一步将孩子鲜活的瞬间、闪光的细节引申放大提供浑厚基础。

舞蹈编导要深入细致地观察生活,寻找典型的幼儿舞蹈动作,并从中捕捉舞蹈形象。生活当中的许多动作,为幼儿舞蹈语言提供了丰富的原始资料。一些经过提炼、组织、美化的自然形态,通过编导的想象,使其升华成幼儿动作形象,形成了优美的舞蹈动作,如滑雪、撑船、骑马、放鞭炮等。

幼儿舞蹈形象既是幼儿舞蹈美的物质外化和体现,又是人们感知幼儿舞蹈美的主要媒介,因此幼儿舞蹈形象的问题是幼儿舞蹈理论和幼儿舞蹈美学中必须重点研究和探讨的课题。那么,什么是幼儿舞蹈形象呢? 编者认为,幼儿舞蹈形象是以孩子幼儿舞蹈动作为主要表现手段所塑造出饱含着主体情思的、具有客体典型形态的、可被人们直接感知的动态形象。幼儿舞蹈形象有广义的和狭义的两种解释。

(1) 广义的幼儿舞蹈形象,它既可以是单一的动态形象,如单一的幼儿舞蹈动作的形象(小鸟飞、小兔跳、孔雀开屏、宝宝学走等),也可以是比较繁复的动态形象,如通过一系列幼儿舞蹈动作组合形成的幼儿舞蹈语言,所塑造出的人物形象(小哪吒、小和尚、偶像、糖人、故事大王等),还可以是幼儿舞蹈作品中通过幼儿群体的行为或幼儿舞蹈场面情景交融的发展变化所表现出来的具有一定意象、意境的幼儿舞蹈形象。

(2) 狭义的幼儿舞蹈形象则主要指幼儿舞蹈作品中以幼儿舞蹈为主要表现手段并借助于音乐、构图、舞台美术(服饰、布景、灯光、道具、化妆)等其他因素所塑造的人物形象。在幼儿舞蹈理论和幼儿舞蹈美学的论述中,所谈论的幼儿舞蹈形象,大多指狭义的幼儿舞蹈形象,即幼儿舞蹈作品中的人物形象(含幼儿舞蹈群体的人物形象)。

根据不同幼儿舞蹈体裁和塑造形象的不同方法和途径,幼儿舞蹈形象大致有 4 种类型。

(1) 在表现一定情节或矛盾冲突的幼儿舞蹈或舞剧作品中,孩子的幼儿舞蹈形象的塑造多是在情节或矛盾冲突的发展中,以幼儿舞蹈手段集中概括地表现出人物的情感状态及人物行动的思想基础,并以此来刻画和塑造具有鲜明性格的、富有童心童趣的孩童形象。

(2) 在只是表现某种情绪或抒发一定情感的抒情性幼儿舞蹈中,幼儿舞蹈形象的塑造多是用幼儿舞蹈直接表现一种概括的典型的人物和情感形象。如独舞《哪吒闹海》就是通过小哪吒的形象,抒发了作者对新时代幼儿的理想和希望。

(3) 在一些不以表现个性幼儿性格特征,而着重描写某种概括的社会生活和象征意象的幼儿舞蹈作品中的舞蹈形象,往往是通过众多人物群体的动作和场景的变化发展而创造出某种意象的幼儿舞蹈形象。

如《下雪了，真滑》，编导抓住若干个孩子滑雪的典型场景，将这些典型场景又以群组形式的接力和穿插舞段来表现，将天真纯朴的孩子之心一目了然地展现在观众眼前，表现出孩子对大自然的喜爱，使观众仿佛身临其境，恰似一幅幅生动鲜活的画面自然的流动。

（4）在幼儿舞蹈作品中，幼儿舞蹈形象也大多是着重塑造孩子群体的形象。根据民族民间幼儿舞蹈风格编排的幼儿舞蹈作品多属此类。如黎族幼儿舞蹈《摸螺》，通过对一群黎族幼儿在小河沟中摸螺生活场景的描绘，塑造出新时代黎族幼儿群体的幼儿舞蹈形象，表现出他们新的精神风貌。

（二）确定主题动作并发展成舞段

幼儿舞蹈动作是经过艺术提炼、组织和美化了的孩童身体的动作。来源于对孩子的各种生活或情感动作以及大自然各种运动形态的模拟、变形与加工。幼儿舞蹈动作是幼儿舞蹈作品最基本的艺术手段，是构成幼儿舞蹈的基本单位。幼儿舞蹈动作的含义有狭义和广义两种。狭义的指运动过程中动态性动作，包括单一动作和过程性动作。幼儿舞蹈动作来源于生活和大自然，但又与生活动作、大自然的运动迥异，幼儿舞蹈动作必须符合逻辑性，具备节奏感、韵律感、画面感、童心、童趣等因素。

1. 根据音乐设计幼儿舞蹈主题动作

随乐而舞是根据幼儿舞蹈音乐的主题、旋律、节奏等寻找动作元素，在音乐的外在刺激和身体的内在冲动作用下的即兴行为，利用这种方式迅速判断音乐所蕴含的情感特征，随即确定某一幼儿舞蹈主题动作。也就是从幼儿舞蹈音乐形象中捕捉舞蹈动作形象，从幼儿舞蹈音乐的节奏和韵味中产生舞蹈形象，使幼儿舞蹈和音乐融为一体，从而使动作与音乐吻合，作品更加流畅。幼儿舞蹈作品中的主题动作一般是单一的个体动作，这个动作在内容上紧扣作品的主题思想，在表现上贯穿和呈现整个作品的典型动作、典型形象。

目前，幼儿舞蹈创作中常会出现这样的情况：在一个幼儿舞蹈作品中没有一个让人记忆犹新的动态，幼儿舞蹈编导们似乎觉得动作越多越带劲。其结果是尽管服饰华丽，阵容庞大，技艺高超，都不可能有真正的艺术质量和观赏价值，因为忽略了主题动作，作品的主导部分定会黯然失色、缺乏光彩。由此可见，能否确立符合作品要求的主题动作，是对作品成功与否的基本标准，也是对幼儿舞蹈编导艺术素质的全面考虑。在编创中一旦主题动作确立，作品的风格、个性、特点也就应运而生了，因此，在创作中选择作品的主题动作必须是经过提炼、组织和美化的。我们常常看到随乐而舞也是动作外化的主要渠道，是根据音乐的色调、旋律、节奏等寻求动作元素，在音乐的外在刺激和身体的内在冲动作用下的即兴行为，这种方式更适用于幼儿的即兴式编舞，动作形象的捕捉以音乐形象为基础，迅速判断音乐所蕴含的情感特征，随即确定某一舞蹈动作。另外，还有运用夸张的方法找动作。把生活动作放大就是舞蹈主题动作，不夸大就形不成舞蹈。除此之外，主题动作还应贯穿始终，在不同的情节、段落，不同的节奏下变换出现，并在主要的幼儿舞蹈组合、段落反复出现，同样，开头和结尾也可将幼儿舞蹈主题动作或舞蹈"意境"再现。

2. 创作新的幼儿舞蹈主题动作

我们的生活每天都在发生着日新月异的变化，幼儿舞蹈编导的创作理念更要与时代同步，不断地创新，用心挖掘各种动作源流，如孩子们喜爱的影视剧、音乐、杂技、武术、体育等，丰富艺术想象力，以透射的眼光发现其独特、新颖的元素，新的幼儿舞蹈动作语汇就会自然而然地生成。

3. 建构幼儿舞蹈的舞段

幼儿舞蹈的舞段就是将原型幼儿舞蹈主题动作发展变化后形成舞句，然后再发展，并进行编织和剪辑，从而形成舞段。一个幼儿舞蹈作品是由一系列舞段组成，有主题舞段、集体性群舞舞段、调度性舞段、分组舞段等。这些舞段是根据幼儿舞蹈作品的需要而编织的。主题舞段被视为幼儿舞蹈作品的核心，它是主题动作的延伸、变幻、重组和发展，它的作用是使幼儿舞蹈主题思想集中体现，主题形象集中展示，以及将作品迅速推向高潮；其他舞段则处于铺垫性位置，为主题舞段做出感情上、氛围上、画面上以及形象上的衬托和铺垫。

利用时、空、力去有序地变化主题动作，让每个动作中的姿态、节奏、动律、空间、力量、进行重复变化，既是主题动作，又是主题动作的发展，如幼儿舞蹈《鸭走》，姿态—动作的形态节奏—音乐节奏动律—接连动作—变化动作的路线，文章是写出来的，舞是跳出来的，舞蹈动作是由变化而产生的，千万注意不要堆砌,把所有毫不相干的动作都加进一个舞蹈之中,让观众感到不顺畅,而是一定要抓住主题动作,在此基础上,想尽一切办法变化,从一个单一的动作到舞句再到舞段,玩尽智慧。

4. 幼儿舞蹈作品的形成

形成作品是幼儿舞蹈舞段创编的收尾工作,是从整体上审视创编过程是否达到预想效果、目的的一个环节。这时需要将整个创编过程从前往后审核一遍,以确定各个环节相互匹配,包括舞段与主题动作、主题动作与素材、舞段与结构、舞段与主题思想等。创作的幼儿舞蹈作品要符合幼儿舞蹈创作中的普遍规律,要符合幼儿的体能驾驭能力、心理承受能力和视觉审美能力,使幼儿舞蹈真正成为贴近他们生活的艺术。

(三) 排练

排练幼儿舞蹈可以先让小演员听音乐,然后把作品的全貌告诉小演员,利用图片、故事、多媒体的直观手段引起孩子们的兴趣,启发帮助和引导小演员进入你的创作之中,而后示范动作,分解动作,把动作教给小演员。在排练中,要善于发现小演员的创造性,引导和启发小演员与你二度创作,完善你的作品,参与到你的创作之中。例如,排练幼儿舞蹈群舞,首先要对幼儿舞蹈作品分析得非常透彻到位,要有幼儿舞蹈编导自己独特的理解和思考,要有很高的艺术造诣。幼儿舞蹈编导不仅是对幼儿舞蹈动作有掌控能力,更重要的是对音乐的感悟和对动作与音乐共同表现作品主题的把握和调控。不但要从单一的幼儿舞蹈动作主题分析,还要从幼儿舞蹈结构上进行理性的思考;不但要从音乐纵向的分析与理解,还要结合动作的横向分析和对幼儿舞蹈作品的定位有准确的判断,这样幼儿舞蹈编导在排练中才能指挥小演员共同表现出舞蹈的内在思想、情感及童心童趣,使幼儿舞蹈作品的魅力和艺术价值得以升华。

(四) 彩排和演出

彩排为幼儿舞蹈专业行话,是指幼儿舞蹈作品在正式演出前的最后总排练和幼儿舞蹈正式演出前的化妆排演。演员、音响、幼儿舞蹈编导、舞美(服装、道具、灯光、化妆……)和舞台工作人员全部到位,一切按照正式演出的要求进行。

三、幼儿舞蹈编导与其他艺术家的合作

幼儿舞蹈编导在完成幼儿舞蹈作品的过程中,也是与其他艺术家合作的过程。一个成功的幼儿舞蹈作品的背后,需要有许多人为之付出,共同努力,通力合作,这样才有可能使一个幼儿舞蹈作品顺利地搬上舞台。在合作的过程中,幼儿舞蹈编导是工作中的领军人物,是一个幼儿舞蹈作品能否成功搬上舞台与艺术质量高低的关键。所以,一个幼儿舞蹈编导不仅要有一定的艺术才华、思维敏捷、艺术功底深厚和娴熟掌握幼儿舞蹈编导技术技法,更要具有与其他艺术家合作的精神和意识。

(一) 幼儿舞蹈编导与小演员的合作

这是最重要的一项合作,毕竟幼儿舞蹈编导的作品通过小演员的表演呈现在舞台上的,也是一个幼儿舞蹈编导艺术思想得以体现的程度和高低好坏的根本。一个成功的幼儿舞蹈编导演员合作不仅仅是体现在幼儿舞蹈作品上,而是要体现在幼儿舞蹈编导排练的过程中。不仅要对幼儿的心理特征、性格特点、幼儿舞蹈技术基础、幼儿舞蹈表现的优势等一些情况了解,还需要掌握科学的排练方法。如果一个幼儿舞蹈编导只有好的选题创意、扎实的幼儿舞蹈编导技法,但是忽视了表演对象是幼儿,不了解幼儿的生活习惯、性格特点、能力以及幼儿舞蹈科学的排练方法,即使再了解幼儿舞蹈的特点、专业技术等,也是远远不够的。一般而言,一位成功的幼儿舞蹈编导都具有幼儿舞蹈教学的经验,都比较了解幼儿舞蹈课堂教学的课堂组织法,这也是一项很具有专业的知识和挑战的工作。所以说,一个幼儿舞蹈编导第一个合作者应该是幼儿演员,也是一个幼儿舞蹈编导所有的合作人中最重要的、最直接的合作者。

(二) 幼儿舞蹈编导与舞台美术的合作

一个幼儿舞蹈编导不仅仅要考虑幼儿舞蹈的创意、选材、动作、结构等,还要考虑到舞台美术。编导一定要有舞台画面感,一定要把幼儿舞蹈作品的创意、内容、结构方案等,详细告诉舞台美术设计师,让这些

合作者充分发挥思维想象,开动脑筋进行二度创作,帮助幼儿舞蹈编导美化和升华作品。特别值得一提的是,这个时候幼儿舞蹈编导不要过分限制舞台美术师的创意,要给合作者们充分的艺术创作空间,向他们介绍幼儿舞蹈作品表现的内容和形式以及对舞台美术各部门提出的具体要求。

(1) 对布景的要求,什么风格、内容、氛围、高度、大小、式样。

(2) 对灯光的要求,各场都是什么氛围,有几次什么样的变化。

(3) 对服装、化装的要求,要说明人物身份、人数、道具名称、件数,如有特殊用途要详细说明。

(4) 要求各个合作者先出设计图,与幼儿舞蹈编导切磋,由各部门的设计者拿出修改后的方案,重新敲定要求、件数、材料等,最后确定设计图的方案。幼儿舞蹈编导签字,各部门才能去制作。值得一提的是确定的时间不能太晚,在舞台合成前要留出足够的制作时间,幼儿舞蹈编导要对舞美设计提出明确的要求,最好使舞美设计者感兴趣,不要提不可行或违背常识的要求,以免影响演出时间的正常使用。

(三) 幼儿舞蹈编导与作曲家的合作

音乐和舞蹈是息息相关的两门艺术,它们紧密联系协同发展。可以说在当今社会一部完整的幼儿舞蹈艺术作品中已经不可能没有音乐,并且音乐对于幼儿舞蹈的成败与否产生着至关重要的作用。从音乐中展现幼儿舞蹈,从幼儿舞蹈中体会音乐已经是当代幼儿编舞工作者应有的一项素质。每一位幼儿舞蹈编导一般都有选择合作愉快的作曲家,他不仅对幼儿舞蹈编导的风格、习惯了解,也要对演员对象进行了解,方能做出比较理想的音乐。作曲家的工作和幼儿舞蹈编导一样,也是一种艺术创作。幼儿舞蹈编导是主导,在与作曲家合作之前,要充分告知作曲家幼儿舞蹈的创意、内容、结构、情绪、风格、时间长度、舞台调度、舞台美术等详细情况,要求要明确,也要给设计者留出主动权,要遵循幼儿舞蹈音乐创作的艺术规律,不能提出让作曲者为难的要求。尽量激发作曲者艺术创作的冲动,做出理想的音乐。另外,幼儿舞蹈在音乐要求上比较高,要求有童心、童趣,有吸引力,设计要独特、新颖、清晰和动听。

(四) 幼儿舞蹈的舞台合成

幼儿舞蹈的舞台合成是作品呈现于舞台的最后一个阶段,是幼儿舞蹈编导与全体舞台工作人员的合作,主要是将音乐、幼儿舞蹈、舞台美术在舞台上结合起来。在这个阶段幼儿舞蹈编导是当然的总指挥,统领和把握舞台、音乐、舞美、演员等全局,是十分重要的一个环节。幼儿舞蹈表演因为演员小的特殊性,所以背后的工作人员队伍也很庞大,牵涉部门多、人员多,因此在合作工作中一定会有不尽如人意的地方。这就要求幼儿舞蹈编导具有领导和组织的才能,既有宏观把握全面工作的能力,又能与方方面面的工作合作愉快。发现问题时要及时记录下来,全体人员休息时应分别与乐队指挥、舞台监督、剧务等工作人员队伍碰头,了解各方面主要问题的发生原因并一一落实解决办法。

(五) 幼儿舞蹈编导与观众的合作

优秀的幼儿舞蹈编导总是拥有一颗孩童般的心灵。在作品构思时要充分考虑小观众群体对象的审美习惯和视觉点,作品的亮点要与小观众内心有互动,要把握整体的艺术效果。幼儿舞蹈舞台排练时导演应把自己当作第一个小观众,即退到客观位置来审视舞蹈作品,加以修改,使作品显现光彩。幼儿舞蹈编导要把幼儿舞蹈作品的大效果、大对比以及高潮强调出来,时刻抓住小观众的眼球。

✴ 第四节　幼儿舞蹈的舞台美术

幼儿舞蹈是一门综合性的舞台表演艺术,在幼儿舞蹈作品中,人们看到、听到、感受到的动作、表演、色彩、光、声音以及服饰、道具、布景等共同构成了舞台的表演环境。而舞台美术又是构成这样空间的唯一手段,它对烘托表演、营造情境、渲染气氛、揭示思想、塑造人物以及推动幼儿舞蹈情节发展起着不可忽视的作用。它虽不同于成人舞蹈,结构短小、情节较简单,但同样离不开舞美的设计和烘托。舞台美术主要包括灯光、道具与布景、服装、化妆等产生的立体效果。它们都是为舞蹈作品服务的,是舞蹈作品整理设计的重要组成。布景的轻巧、道具的美观、服装的得体,都为作品的成功奠定了良好的基础,同时也体现了编导的构思和意图。因此作为幼儿舞蹈编导,舞美设计的能力也是重要的专业素质之一。

一、灯光的处理

舞蹈灯光是舞台美术的造型手段之一。除有照明作用外,主要为了使舞蹈作品达到条理通顺、场景生动、节奏鲜明的艺术效果,利用光与形、明与暗、光色的冷暖等所造成的对比与和谐,使舞蹈画面及画面之间产生连贯、互应、对比、联想等相辅相成的关系,并通过光色的变化营造情境、烘托氛围、帮助揭示舞蹈作品内在的含义,从而增强艺术感染力。

幼儿舞蹈就像一朵鲜艳的小花,充满了生机和活力,孩子们在舞蹈中尽情地表达着童真童趣。色彩明亮和丰富多变的灯光运用为幼儿舞蹈的舞台呈现提供了更为广阔的空间,更能体现孩子们对世界的认知与想象。不同的舞蹈作品需要突出的灯光色彩是不同的,灯光需要与舞蹈作品有机地结合,协调统一,更好地为所塑造的舞蹈形象服务,从而达到突出舞蹈中的表现主体,渲染舞蹈中的情境与意境的作用。一部舞蹈作品中往往有瞬间的时空转换,灯光的有效运用为这种时空的转换提供更多的可能性,所以灯光对舞蹈作品中的时间、地点、环境、情绪、情境、意境等,都起到了营造与烘托的作用。

按照舞台区域划分,灯光主要分为以下几种:

逆光——舞台后区的光源,使用逆光可营造"剪影"的效果,能够增强表现主体的透明度和立体感。

顶光——舞台顶部的光源,使用顶光进行染色,可使得舞台表面呈现出红、黄、蓝、绿、紫、玫红等不同的色彩效果,从而表达出不同的情绪与情境,如热烈、血泊、蓝天、忧郁、草地、爽朗等。

流光——舞台两侧低空的光源,流动光的使用,可以对舞蹈服装进行色彩补充,增加服装色彩的饱和度与透明度,同时可以增强演员的轮廓感。

桥光——舞台两侧高空的光源,与流动光的使用效果近似,同时与顶光形成空间上的交叉,提高了舞台的立体感。

耳光——舞台两个台口斜前方的光源,耳光的使用,可以增强表现主体的清晰度与亮度,从而不失立体感与轮廓感。

面光——舞台正前方的光源,面光的使用拉近了舞台形象与观众的距离,可以大大增强表现主体的清晰度与亮度,但失掉了立体感与轮廓感,所以面光往往不会用到最亮,晚会除外。

追光——观众席区域的光源,通常在剧场二楼,追光的使用是用来跟踪表演者和重点突出舞台上的人物的特定光线,这种灯光是舞台的画龙点睛之笔。

按照灯具的类型划分,舞台常用的主要有:LED灯、柔光灯、回光灯、筒灯、电脑图案灯等。其中电脑图案灯经常被用作舞蹈作品情绪的渲染与意境、情境的营造中,它多变的灯光花型、颜色为舞蹈作品的环境营造锦上添花,电脑图案灯可任意调节的光斑大小,为空间大小的任意收放以及突出表演者,起到了重要的作用。

舞台灯光的有效使用,可以构建舞蹈时空,以不同色调对应不同的人物心态,配合人物交待情节,化无形为有形。所以说舞台灯光的使用对于幼儿舞蹈作品的舞台呈现有着重要的作用。

二、道具布景的设计

这里说的布景和道具、是指幼儿舞蹈作品中的道具和布景,而非大型戏剧中的舞台总体布景设计(图2-22)。所以布景的设计首先要做到为幼儿舞蹈作品服务,布景要衬托出舞蹈所要交代的场景、环境和气氛。在空间上的处理要为舞蹈表现创造灵活多变的舞台支点,开辟足够的活动空间。布景是为舞蹈作品创作提供的现实背景,渲染特定环境,描绘出具有真实感的情境。它有软景、硬景、多媒体效果等,通常幼儿舞蹈作品多用移动式的硬景来营造环境。

道具又指演员手中的器物,它能帮助演员更好地塑造舞蹈形象,对丰富艺术表现力和感染力起了很大的作用,如奶桶、镰刀、枪、背包、花伞、扇子、手帕、花束等。道具使用时要注意有所选择,力求把道具用的

图 2-22 大型原创儿童剧《丢丢的凤凰梦》,导演/编导:马斌

巧、用的妙,最终达到形式与内容的完美统一。道具的使用应遵循以下几点原则:

(1)道具的运用要符合舞蹈形象的要求。它是塑造舞蹈形象的必然结果,而非偶然选择,道具是要为塑造舞蹈形象服务的(图 2-23)。

(2)使用的道具要与表演主体有必然联系。道具一旦拿到演员手中,或与演员的肢体接触,它就是演员肢体的延伸,是肢体表现的一部分,它与演员之间就必须有着情感联系。

(3)道具的运用要有舞蹈的语言功能。道具是动作语言的延续与补充,它在舞蹈作品的表达中,有着不可磨灭的语言作用。

(4)道具要用到极致。舞蹈作品形象有需要则用,不需要或不是很必要,就不要用,不要为了增强形式美感而错用、滥用道具。

图 2-23 第八届"小荷风采"全国少儿舞蹈展演作品《我们的足球梦》,
编导:马斌

三、服装的设计

舞蹈服装的面貌是一个舞蹈作品最直接、最有辨识度的信号,它也直接反馈着一个舞蹈作品的性格与特质。同时为一个完整的、立体的舞蹈形象塑造,起到了不可磨灭的功能性作用。所以说舞蹈服装的设计能力也是幼儿舞蹈编导的一门必修课,结合幼儿舞蹈创作的特点,舞蹈服装的设计应遵循以下原则:

(1)民族民间题材的幼儿舞蹈作品应尊重和遵循特有的民族文化、民族传统和民族符号等。服装的

变化与创新是可以的,但基本的民族元素不能变,这样才会始终体现一个民族的特质,才能在舞台上还原这个民族的文化原貌。

(2)现实题材的幼儿舞蹈作品应紧密结合当代少年儿童意识下的感官认知。这样才能设计出既能突出时代风貌,又能体现当代孩子童真童趣视角的演出服装,从而为了更好地塑造舞蹈形象服务。

(3)革命历史题材的幼儿舞蹈作品应在尊重历史的同时,要紧密结合当代少年儿童的认知与审美特点,这样设计出来的服装,既是历史的又是现代的,同时又是儿童的。

四、化妆

从客观存在的物质,能对感官起到刺激作用的原理分析,舞台上的形象具有快速显效果和快速让观众接受的特点。化妆虽然具有一定的从属性,但它是幼儿舞蹈舞台演出中必不可少的一项工作。化妆分群舞演员脸谱设计和人物角色化妆造型设计,以及各种发型设计和头饰配备[①]。化妆工作必须遵循化妆的规律,按照幼儿化妆的美学要求,根据节目的需要和幼儿舞蹈主题,幼儿舞蹈风格的约束进行形象创造。从幼儿生活出发,按时代要求和不失孩子们的童心童趣进行简单的化妆雕塑。

总之,舞台美术设计是舞蹈创作中的一个重要组成部分,它既能创造艺术的个性,又能充分调动自己的积极性,为舞蹈作品的整体效果服务。在舞美的设计中,编导的想象力显得尤为重要,因为孩子们的好奇心强,兴趣广泛,注意力很容易转移,只有设计有创造力的舞台空间,组织有想象力的舞台视觉形象,使舞台的每一个角落既神奇又充满幻想,这样才能够吸引住孩子。儿童舞蹈要贴近儿童,而舞台美术为儿童舞蹈的舞台呈现起到了关键的作用,它能为舞台增添色彩,创造无限的想象空间,也将张扬和强化舞台艺术的整体魅力。

本章习题

1. 对幼儿舞蹈编导的专业要求有哪些?
2. 幼儿舞蹈创编有什么样的规则可遵循?
3. 时代赋予了幼儿舞蹈编导何种使命?
4. 简述未来对幼儿舞蹈创作的要求。
5. 结合实例,分析幼儿舞蹈编创的常见误区。
6. 简述什么是幼儿舞蹈作品。
7. 简述表演性幼儿舞蹈小歌舞创作的全过程。
8. 幼儿舞蹈编导创作中音乐的获取途径有哪些?
9. 怎样写幼儿舞蹈创作台本?

① 肖灵.以形渲情舞美造境——谈舞台美术对舞蹈的渗补作用.民族艺术研究,2001,(6):58~60

第三章

自娱性幼儿舞蹈创作方法

内容导读

本章主要讲述幼儿舞蹈编导应该掌握的自娱性幼儿舞蹈的一般创作方法,包括如何创作幼儿律动、如何组织幼儿集体舞、如何开展音乐游戏以及如何引导幼儿进行音乐即兴舞等。本章突出自娱性这一主题,所列出的常用动作和作品示例仅供参考,实施过程中尽量避免老师一个动作一个动作地教,孩子一个动作一个动作地学的模式,应着重培养孩子的想象力和创造力。

本章重点和难点

1. 进一步认识自娱性幼儿舞蹈。
2. 掌握自娱性幼儿舞蹈的特点。
3. 了解自娱性幼儿舞蹈的分类。
4. 熟知自娱性幼儿舞蹈的创作方法。
5. 能够简单地创作自娱性幼儿舞蹈。
6. 认识幼儿音乐即兴舞。
7. 学会幼儿音乐即兴舞的方法。

幼儿舞蹈表现的是孩子自己的生活。它的特点是载歌载舞,形象直观,易于被孩子理解和接受。幼儿舞蹈创作应聚焦在孩子的情感上,用幼儿的眼睛观察事物,用童心去感受外部世界,也就是说,童心是创作幼儿舞蹈的情感焦点。3~6岁的幼儿正是非常爱玩的时期,这一时段的孩子接受新事物的能力很强,分析的角度很独特,表现欲也很强,一旦投入做某一件事情,特别容易玩儿出新鲜的东西。很多时候不是成人的想象力所能及的,这就需要幼儿舞蹈编导注意观察幼儿的生活,多去发现、引导幼儿的闪光点,为孩子的动作发展提供更多的想象空间。童心童趣有时候并不是像我们成人想象的那样,只有长期跟孩子们生活在一起,玩儿在一起,才能够创作出真正天真无邪的幼儿舞蹈作品。

第一节 幼儿律动的创作

一、什么是幼儿律动

　　幼儿律动是指幼儿随音乐而进行有节奏的身体动作的活动,在幼儿园里又称为听音乐做动作,就是幼儿听了音乐敏感地领会音乐节奏、内容、直觉并产生一种与音乐节奏内容相适应的感情,让身体伴随着音乐有节奏地运动,产生动态、动律、造型、姿态、神态等。由音乐节奏激发情感,由情感变为赋有节奏的动作表现,就是"律动"。幼儿律动是训练培养幼儿节奏感,按照一定的节奏规律进行的最初舞蹈形式。在这片净土上种着天真烂漫和生动。幼儿律动是对孩子进行早期美育教育的基石。不同性质、不同节奏的音乐,只有通过幼儿自身运动才能使音乐的内容直观化、形象化,培养他们对音乐的感受和节奏感。生活中我们常常看到幼儿喜爱音乐舞蹈,这是他们的生理本能所决定的。孩子们听到有规律的音乐节奏,就会随音乐韵律的流动,手舞足蹈,拍手点头,十分快乐。看到大人跳舞,他们就会跟着模仿。律动没有既定的程序、框框,它鼓励幼儿对音乐做出自然的反应,并在此基础上诱导、启发幼儿主动地以身体动态感受来表现音乐的内涵、性质、节奏等,发展幼儿的音乐感知能力和舞蹈的潜能,促进幼儿记忆力、想象力和创造力的发展。我们在创作幼儿律动时,应该选择孩子们最喜欢的音乐,让小朋友聆听儿歌、故事以及这个世界上各种各样美妙的声音,感受音乐的独特魅力,激发无穷想象力,让小朋友在听儿歌、唱儿歌的过程中变得更加有趣。

二、幼儿律动的分类

　　律动,可以坐在小凳子上做,也可以站着做,还可以踏着节拍走着做,边唱边拍手或敲出节奏等。常见的幼儿律动分为以下 10 种。

(一) 基本舞步律动

　　各种幼儿舞蹈中常用的基本步伐(如跑跳步、进退步、小跑步、小碎步、吸腿跳等),培养孩子最基本的节奏感和音乐感知能力。

(二) 基本动作律动

　　各种幼儿生活中常用的基本脚步和手臂的训练(如飞翔、拍打、追逐、行礼等),培养孩子最基本的协调性和基本的模仿能力。

(三) 民族风格律动

　　对常见的民族舞蹈基本律动的训练(如汉族的手绢和扇子、维吾尔族的手位和手鼓、傣族的孔雀、藏族的踢踏和弦子、蒙古族的手腕和骑马等),进一步提高孩子对不同风格、不同体态、不同民族舞蹈种类的掌控能力,开阔孩子们的视野。

(四) 生活情景律动

　　对生活中常见人类动作的再现(如推车、穿衣服、摇篮、炒菜、摘果子、划船、擦玻璃、洗手帕、拥抱、滑雪等),形成一定的特征明显的动律,同时培养孩子对生活的观察和感受能力。

(五) 外国舞蹈律动

　　主要指除中国以外的各国具有代表性舞蹈的基本律动(如印度手臂基本律动、日本舞蹈基本律动、俄罗斯舞蹈基本律动、西班牙舞蹈基本律动等),在训练中培养孩子对世界多元文化的认知。

(六) 机械运转律动

　　主要指对生活中常见到的具有特定性或周期性运动的机械运转的模拟(如时钟指针的运转、火车的开动和运行、飞机的起飞和降落、大炮的射击、轮船的起航、织布机的运转等），主要培养孩子的观察和模仿能力，通常伴有声音的模拟。

（七）动物形象律动

主要是指对各种小动物的动态、神态、形态等的模仿（如小鸭子走路、小鸡吃米、小兔蹦跳、大象喝水、老虎怒吼、孔雀开屏等），培养孩子的观察能力、思维能力、想象能力、模仿能力和一定的创新能力。

（八）自然现象律动

主要是指对大自然中常见自然现象的模拟（如电闪雷鸣、万物生长、山川河流、下雨、花开等），主要培养孩子的创造性和表现能力。

（九）手指音乐律动

手指律动在幼儿早期教育发展过程中，起着不可忽视的积极作用。尤其在幼儿大脑开发方面，对其节奏感、创造力、想象力和左右脑的平衡发展等的培养产生着极大的影响，这是对孩子心灵手巧的一种训练，对孩子手的灵活性及手部肌肉能力的发展十分有益，让幼儿在音乐的伴奏下，通过手指运动培养孩子的节奏感、协调性，去体会生活给孩子们带来的快乐。

（十）体能音乐律动

体能音乐律动是幼儿每日生活中的重要环节。在音乐的伴奏下，孩子们愉快地锻炼身体，活动关节，增强体质。让幼儿感受、体验音乐，唤起幼儿情绪和肢体的反应，发展幼儿基本动作、培养幼儿集体意识、锻炼幼儿意志等（图3-1）。

图3-1　河南省文化厅幼儿园的小朋友在表演律动

三、幼儿律动的创作方法

幼儿舞蹈创作从规律和方法上与成人舞蹈有共性，但它远比成人舞蹈的创作难，主要原因在于从事幼儿舞蹈创作这个职业的都是成年人，因此编导与幼儿的年龄和孩子的心理状态有着很大的差距。如何缩短这一差距，这就需要幼儿舞蹈创作者熟悉孩子生理、心理特点，努力把握幼儿认识客观世界和反映客观世界的特点，洞察幼儿微妙的心灵内涵，从"童心"出发，去观察孩子的生活、体验孩子的生活、凝练孩子的生活。把自己的年龄放下，蹲下来和孩子说话，掌握幼儿的情趣、爱好和生活习惯等，只有这样才能使幼儿舞蹈创作者得到许多的启示，从在成人看来无足为奇的事物中产生出无穷的情趣和丰富的想象，并从中捕捉到能用舞蹈形式来表达幼儿情趣的舞蹈形象。

幼儿舞蹈创作中要从幼儿生活中取一个点，选择相适应的音乐，然后根据音乐的性质、节拍、速度、力度等因素，启发幼儿有规律地反复进行某一动作，或某一组动作的活动。

(一)模仿的手法

幼儿音乐律动的创作中,模仿创作手段是十分重要的,天真无邪的孩子们有着丰富多彩的艺术想象力和创造力。天生的好奇心会使他们看到原本普通的事物却有着神奇的想象图像出现,他们更喜欢模仿自己在某个地方看到的景和物。他们用心灵去拥抱自己喜爱的对象,他们具有求知欲强、喜欢模仿创造、好奇好问、兴趣广泛等特点。模仿不是照搬成人现成的动作,而是在不断积累素材的基础上建造孩子的素材结构,努力去创造,去寻找新意、新奇,以美的形式吸引孩子们,激发他们的兴趣与激情,满足他们的欣赏需求。幼儿舞蹈语言的创造必须要有自己独特的表现形式和特征,以夸张、简洁、明了、灵活的语言,展现儿童的神与形,情与趣。创作中引导幼儿用集体讨论探索的形式,去模仿孩子生活,调动孩子的积极性,善于捕捉幼儿创作中好的范例,引导幼儿相互学习、相互观摩、相互借鉴。让孩子们在聆听音乐中打开记忆的闸门,展开充分的想象,增加更多小朋友同伴间的合作,创作出各种新颖、鲜活的动态。

(二)拟人化的手法

拟人化的手法很符合儿童心理特征,在孩子们的眼里一切事物都和自己一样会说话、会吃饭、会生病,有爸爸、有妈妈。创作者按作品的内容需要,将幼儿的各种特征和思想注入动、植物中融合成一个完整的感人形象。借助这些形象来表现音乐作品的主题内涵,如借助大象、小蚂蚁、小天鹅、小鸭子等可爱的艺术形象传达孩子的感情,使孩子们在角色、音乐和动作中,自由自在地表演,体现出幼儿舞蹈语言形式的新颖性、变化性。

(三)夸张与变形的手法

夸张与变形是幼儿舞蹈语言的特征,也是幼儿舞蹈表演中的一个重要元素。夸张是对现实事物的夸大和强调,可以运用夸张的表现手法来吸引观众。夸张是从孩子的生活中提炼与升华,将孩子生活中的形体感觉反应扩大化。快速-停顿,缩小-延伸,哭-笑都要将形体的某个部位动作放大,延长动作线,使幼儿形体表情更明确。变形,则是对主观意志的形态变化,抓住动作原型,沿着突出童稚趣味的方向通过各种编舞手段做大胆的变形处理,使幼儿舞蹈的韵味被强调出来,这样的夸张和变形,在艺术构思中紧紧围绕着幼儿舞蹈形象的特质进行,使幼儿舞蹈更具有明显的特色,比孩子实际生活更突出、更鲜明、更感人。美学家朱彤说:"只有通过虚构进行夸张,才能创造艺术美。"在幼儿生活基础上的虚构与夸张,应该比孩子实际生活更高、更强烈、更集中,显现出更美好、更浪漫的艺术境界。夸张是创作的基本法则,只有创作者真正走进孩子们那极富感染力的内心世界,才会凝练成在美好生活基础上夸张变形的属于幼儿的舞蹈语汇。

四、创作幼儿律动应该注重的问题

(一)创编的目的

在幼儿自娱性律动的创编过程中,首先必须弄清楚是为了发展幼儿的模仿能力,还是培养幼儿的节奏感,或是训练幼儿的动作协调性。

如果是为了培养幼儿的节奏感,可编一些走、跑、跳、拍手、转手腕、点头、转头和借助打击乐等简单而有动律感的动作。如果是为了发展幼儿的形象模仿能力,可模仿劳动、生活类,如扫地、擦玻璃、洗衣服、摘果子、刷牙、洗脸、敲锣、打鼓、骑马、放鞭炮等,还可模仿动植物类,如小树长大、鲜花开放、风吹、雪花飘、细雨以及蜗牛、大象、小熊、小猴子、公鸡、小鸭等,使幼儿律动富有趣味性。如果是为了创作律动使幼儿的动作具有协调性,可结合我国的民间幼儿舞蹈如东北秧歌舞、云南花灯舞、新疆舞、藏族舞、傣族舞、苗族舞、朝鲜族舞、彝族舞等基本步伐或基本韵律进行练习,既可欣赏到我国优美的民族音乐和文化,又可培养幼儿全身体态动律的协调统一和对音乐的感觉。

(二)幼儿年龄因素

不同年龄阶段的幼儿,体力、动作发展以及心理发展水平都不相同,因此幼儿舞蹈编导在教孩子时一定注意孩子的年龄问题,由浅入深,由易到难,这样能保持幼儿主动参与的热度,启发幼儿情绪、联想和想象,让孩子们情绪欢乐,有积极性和有兴趣地去学习。

(三)选择合适的音乐

音乐本身是极具魅力的,创造性律动这种特殊的音乐教育活动不仅可以让幼儿感受到音乐和舞蹈的美,还可以通过孩子自己的创造来提高智力水平和促进良好的品质的形成,调动幼儿学习的积极性、主动性、创造性,使幼儿的音乐素质得到全面提高。

创编幼儿律动的目的明确后,就要选择一个既符合幼儿律动内容又富有动作性的音乐或歌曲,让孩子们一听到音乐的节奏,就有一种想随乐起舞的冲动。在幼儿的一日活动中,音乐律动可以给予幼儿充分的自由表现。如清晨,孩子们在充满情趣的音乐中做早操律动,伸伸胳膊,踢踢腿,弯弯腰等,呼吸新鲜的空气,享受瞬间的快乐;他们在轻松、优美的音乐伴随下做手指律动、民族律动、小动物律动,聆听恬静的摇篮曲做静息律动等,通过各种律动让孩子们在音乐的海洋中快乐地成长。好的音乐或歌曲一定篇幅短小,乐句方整,好听,顺畅,上口,节奏鲜明,音乐形象突出,且富有动作性。

(四)设计主题动作

当音乐确定后,就必须根据歌词或音乐的内容,找出所表现事物或动物的最大特征,设计出能刻画人、事、物,突出主题、形象生动鲜明、动律感强的主题动作,再将主题动作进行变化。小班的律动一般采用3~4个动作,中班可采用5~6个动作,大班则可采用7~8个动作,注意设计的律动应富有趣味性或游戏色彩①。

(五)根据音乐连接动作组合

主题动作和变化动作产生后,接下来就是根据音乐的节奏、结构来进行动作的连接和分段。在动作的连接中,应突出音乐的强弱,层次分明,并遵照人体运动的规律,将动作连接得通顺连贯,易于上手。采用的形式可轻松、自由、丰富多样,让孩子们感觉就像玩游戏。

五、幼儿律动创作示例

【示例1】

① 王蕾等.浅谈儿童舞蹈创作.西安文理学院学报(社会科学版),2008,(2):31~32

1. 音乐:20小节
2. 基本动作说明

动作一

双手在左右肩前两侧拍手,头随手左右摆动(图3-2,图3-3)。

动作二

第1-2拍重复动作一拍手的动作,第3-4拍一手叉腰,一手勒马,随节奏二拍一动(图3-4)。

图3-2   图3-3   图3-4

动作三

第1-2拍重复动作一拍手的动作,第3-4拍双手勒马,身体前倾45°。头随节奏一拍一动(图3-5)。

动作四

第1-2拍重复动作一拍手的动作,第3-4拍一手勒马,一手挥鞭,身体向后仰25度(图3-6)。

动作五

第1-2拍重复动作一拍手的动作,第3-4拍一手勒马,一手鞭马。身体前倾45°,双脚快速立压脚腕(图3-7)。

图3-5   图3-6   图3-7

3. 跳法说明

准备:全体小朋友坐在小椅子上,排成四横排或其他队形(图3-8)。

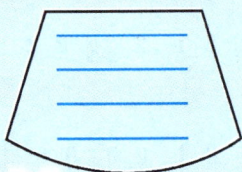

图3-8 队形示意

第一遍音乐:全体一起听音乐拍节奏做动作一。
第二遍音乐:全体一起听音乐模仿瞭望绿色大草原的动作。
第三遍音乐:全体一起听音乐拍节奏做动作二。
第四遍音乐:全体一起听音乐拍节奏做动作三。
第五遍音乐:全体一起听音乐拍节奏做动作四。
第六遍音乐:全体一起听音乐拍节奏做动作五。

【示例2】

《手腕转转》

蔡 璐 编曲

$1=C \frac{2}{4}$

♩=116

(4)

(6)

(6̲ 6̲ 6̲ 2̲3̲ | 4̲ 4̲ 4̲ 1̲2̲ | 3̲ 3̲ 3̲2̲1̲7̲ | 6̲5̲6̲7̲ 1̲2̲3̲5̲ | 6̲ 6̲ 6̲ 2̲3̲ | 4̲ 4̲ 4̲ 1̲2̲ |

(8) Ⅰ

(12)

3̲ 3̲ 3̲2̲1̲7̲ | 6̇ 6̇) ‖: 6̲ 3̲ 3̲ 3̲ | 4̲ 4̲6̲ 3 | 2̲ 2̲ 2̲ 1̲ | 3̲ 2̲3̲ 6̇ |

(16)

2̲ 2̲ 2̲ 6̲7̲ | 1̲ 1̲ 1̲ 7̲6̲ | 7̲ 7̲ 7̲2̲1̲7̲ | 6̲ 6̲ 6 | 2̲ 2̲ 2̲ 6̲7̲ | 1̲ 1̲ 1̲ 7̲6̲ |

(20)

(24)

7̲ 7̲ 7̲2̲1̲7̲ | 6̲ 6̲ 6 | 2̲ 2̲ 2̲ 6̲7̲ | 1̲ 1̲ 1̲ 7̲6̲ | 7̲ 7̲ 7̲2̲1̲7̲ | 6̲ 6̲ 6 :‖

1. 音乐：24小节
2. 基本动作说明

动作一

双手在肩前转动手腕，平视前方，头随节奏左右摆动（图3-9）。

动作二

双手在头上转动手腕，眼视上方，头随节奏左右摆动（图3-10）。

动作三

双手在身体的斜下方转动手腕，平视前方（图3-11）。

图3-9　　　　　图3-10　　　　　图3-11

动作四

双手伸向身体的正前方转动手腕，平视前方（图3-12）。

动作五

双手平伸于身体的侧方转动手腕，平视前方（图3-13）。

动作六

双手从身体的斜下方转动手腕至斜上方，头随节奏左右摆动（图3-14）。

图 3-12

图 3-13

图 3-14

3. 跳法说明

准备:全体小朋友坐在小椅子上,排成菱形队形或其他队形(图 3-15)。

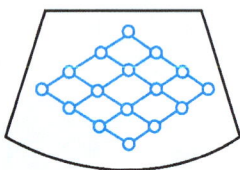

图 3-15 队形示意

第一遍音乐:全体一起听音乐做动作一。

第二遍音乐:全体一起听音乐做动作二。

第三遍音乐:全体一起听音乐做动作三。

第四遍音乐:全体一起听音乐做动作四。

第五遍音乐:全体一起听音乐做动作五。

第六遍音乐:全体一起听音乐做动作六。

第二节 自娱性幼儿集体舞的创作

一、什么是幼儿集体舞

集体舞是每一个幼儿均可加入的自娱自乐的舞蹈形式,能让幼儿在欢歌乐舞中感受音乐,记忆动作,可促进幼儿基本动作、人际交流能力发展。幼儿集体舞结构简单,动作统一,轻松愉快,活泼健康,运动量适当;能加强幼儿的集体观念,增进幼儿之间的团结和友谊。这是幼儿园舞蹈教学中的十分重要的舞蹈形式,通常在短小歌曲和乐曲的伴奏下,通过简单、协调、统一的动作,在一定队形上可反复进行,它没有舞台限制。孩子们互相配合或自由即兴地表演,共同体验某种情绪,互相交流情谊或学习基本舞步和动作。可以在欢歌乐舞中培养孩子的集体观念,增进幼儿之间的友谊,培养幼儿健全和谐的人格和综合素质,以及幼儿正确的审美情趣。幼儿集体舞是一种比较容易接受和普及的舞蹈形式,让幼儿集体参与,并以自娱为主要目的。

二、幼儿集体舞的类别

这是一种体现自娱自乐、具有集体性、面向全体幼儿表演的一种易教、易学的形式。孩子们在音乐的伴奏下,不断地变化舞蹈动作或位置,运用整齐、快乐、有趣、协调的动作表演舞蹈。有利于发展幼儿的走、跑、跳、基本舞步和协调动作,加强情感的自然交流与沟通,引发幼儿舞蹈兴趣,有利于幼儿交流和分享音乐感受,有助于培养幼儿热爱集体、团结友爱的精神。

(一)基本舞步集体舞

各种幼儿舞蹈中常用的基本步伐和基本动作,培养孩子最基本的节奏感和音乐感知能力,培养孩子最基本的协调性和模仿能力。

（二）各民族风格集体舞

各个民族舞蹈基本动律的训练，进一步提高孩子对不同风格、不同体态、不同民族舞蹈种类的掌控能力，开阔孩子们的视野。

（三）外国舞蹈集体舞

世界各国具有代表性舞蹈的基本律动，加上简单的队形画面，在训练中培养孩子对世界各个国家文化的了解，培养孩子的节奏感和协调性，开阔孩子的视野。

（四）可爱小动物集体舞

主要是指对各种小动物运动方式和形态特点进行模仿，加上简单的队形画面，培养孩子的观察能力和模仿能力，提高孩子一定的创造热情。

（五）流行幼儿集体舞

根据社会流行的舞蹈创作和改编的幼儿集体舞，如街舞、拉丁舞、爵士舞、肚皮舞、健身舞、交谊舞等（图 3-16）。

图 3-16　河南省实验幼儿园的小朋友在表演集体舞

三、创作幼儿集体舞的方法

从幼儿生活中去选择一个创作点或者说是动机，选择相适应的音乐，根据音乐的性质、节拍、速度、力度等因素，通过简单、协调、统一的动作，在一定队形上可反复进行。幼儿舞蹈编导创作中应选择简单、生动、明快、富有幼儿情趣和生活气息，具有形象性，能反映幼儿天真、活泼性格和内心世界的典型动作去编排。

（一）选定音乐

集体舞大多是以歌曲来伴奏。由于集体舞是一种集体娱乐的形式，因此选择的歌曲应节奏欢快愉悦，情绪高昂，旋律优美，富有动感；歌词应通俗简洁，易于上口，以便幼儿记忆；歌曲的篇幅应短小，一般限于 32～48 小节之间。

（二）设计主要动作

在设计主要动作之前，首先应将集体舞的基本步伐确定，主要动作设计的重点应在舞伴之间的交流动作上，动作不宜设计得过于复杂，以突出集体舞的趣味性与娱乐性为主，使幼儿在舞蹈中感受到游戏般的愉悦。

（三）设计队形的发展和变化

无论是采用哪种队形，首先应根据幼儿舞蹈的内容和形式来确定。集体舞一般以每跳完一段必须交换新的舞伴为特点。因此,集体舞经常选择圆圈队形,它便于行进、移动和反复进行。在设计队形时,还应考虑幼儿舞蹈者在幼儿舞蹈时的变化位置要与动作相协调统一,队形的设计应自然、流畅,恰到好处,且具有游戏性。

(四)双人拉手一起跳

幼儿动作的平衡力、控制力都较差,易兴奋,好模仿,在幼儿集体舞中设计男女孩拉手一起跳的方法也很实用,通过简单、协调、统一的动作,在一定队形上可反复进行。

四、幼儿集体舞示例

【示例1】

《我爱鸡妈妈》

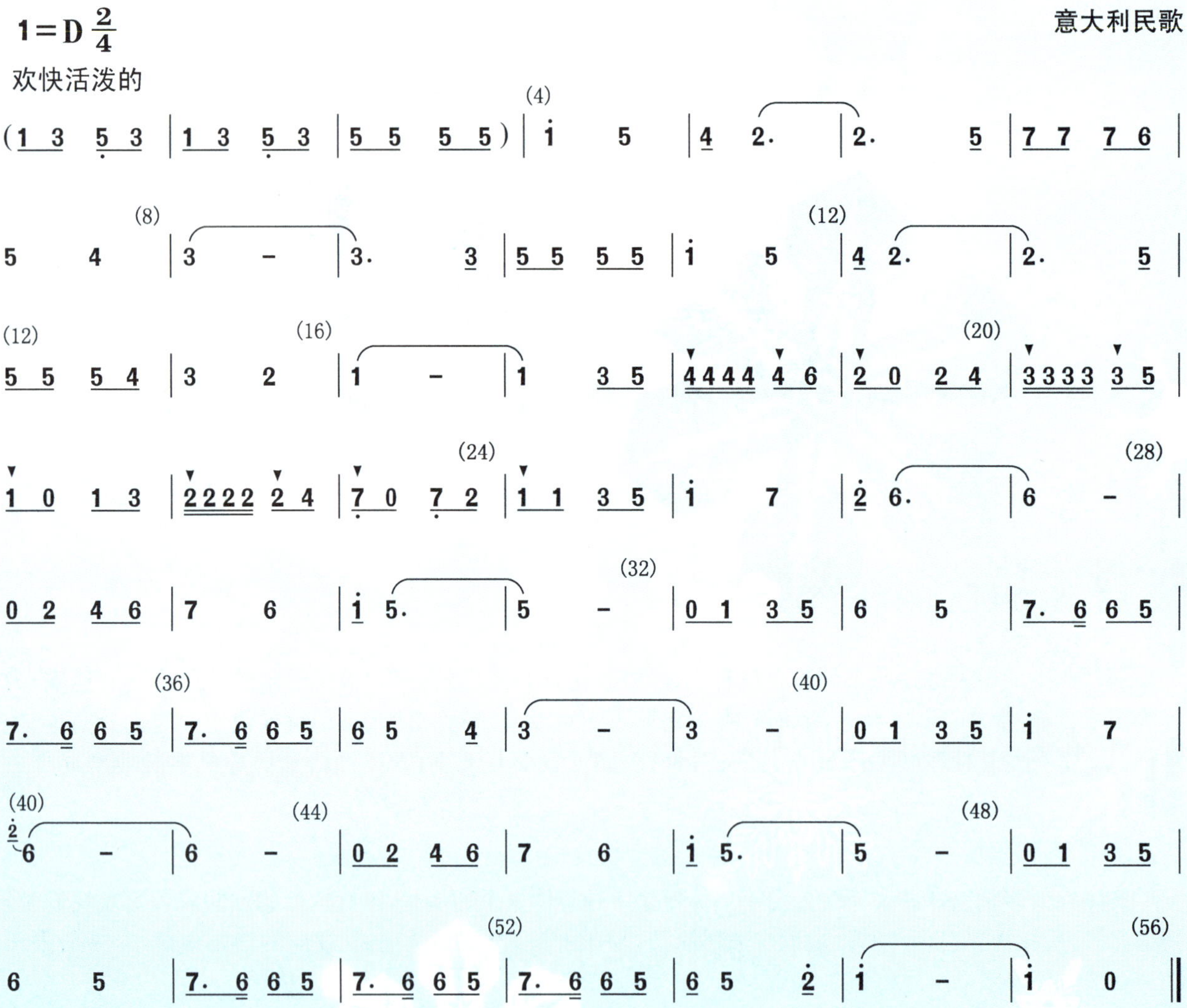

$1=D \frac{2}{4}$

意大利民歌

欢快活泼的

(谱例)

1. 音乐:56小节
2. 基本动作

动作一

第1拍:正步位半蹲,双手向斜下方压腕翘指(图3-17)。

第2拍:正步位半蹲,双手向斜下方压腕翘指,右脚向前脚跟落地(图3-18)。

动作二

第1拍:右脚收回,双腿直立,双手向斜上方提腕(图3-19)。

第2拍:左脚向前脚跟落地,双手向斜下方压腕翘指(图3-20)。

图3-17　　　　　　　图3-18　　　　　　　图3-19　　　　　　　图3-20

动作三

用幼儿舞步踵趾步一拍一步向指定方向走,双手向斜下方压腕翘指(图3-21)。

动作四

5人一组用幼儿舞步小碎步密集成造型(图3-22)。

图3-21　　　　　　　　　　　　图3-22

3. 跳法说明

前奏音乐:小朋友们围成双圈,外圈面向顺时针方向做动作一第1拍动作,里圈面向逆时针做动作二第1拍动作,原地一拍一蹲(图3-23)。

第一遍音乐:

①～⑧小节:外圈面向顺时针方向做动作一第1-2拍动作,里圈面向逆时针做。做第1-2拍动作。

⑨～⑯小节:外圈和里圈互相换动作换方向。

⑰小节至最后:外圈和里圈互相交换位置。同时做动作三。

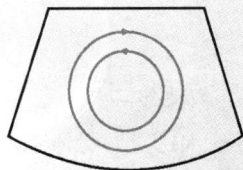

图3-23　队形示意

第二遍音乐:

①～⑧小节:外圈面向顺时针方向做动作一第1-2拍动作,里圈面向逆时针做。做第1-2拍动作。

⑨～⑯小节:外圈和里圈同时双人横向互相交换位置。

⑰小节至最后:全体一起做动作四,五人或更多人一组用幼儿舞步小碎步密集成鸡妈妈和鸡娃娃造型。

【示例2】

《高山族拉手舞》

大桃曲

$1=D$ $\frac{4}{4}$

♩=60

高山族民歌　喜悦、温馨地

（乐谱）

1. 音乐：19小节
2. 基本动作

动作一

第1拍：左脚原地踏一步，膝盖放松，身体随动。第2拍：右脚原地踏一步，膝盖放松，身体随动（图3-24）。

图3-24

动作二

第1拍：身体重心移至右脚，左脚向后抬起。第2拍：身体重心移至左脚，右脚向前抬起（图3-25）。

图3-25

动作三

用幼儿舞步踏点步一拍一步向指定方向走，双手在胸前拍手。

3. 跳法说明

前奏音乐：

准备：小朋友们围成单圈，双脚正步位，双手与其他小朋友互相拉手，面向圆心（图3-26）。

第一遍音乐：

①～④小节：全体一起做动作一。

⑤～⑧小节：全体一起做动作二。

⑨～⑯小节：全体一起做动作三，数一的小朋友与和数一的小朋友横向互相交换位置。

第二遍音乐：

①～④小节：全体一起做动作一。

⑤～⑧小节：全体一起做动作二。

⑨～⑯小节：全体一起做动作三变队形（图3-27）。

第三遍音乐和第四遍音乐同上，以此类推（图3-28）。

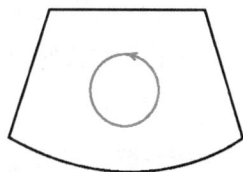

图3-26　队形示意

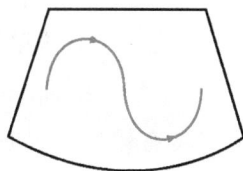

图3-27　队形示意

图3-28　小朋友们在跳集体舞

第三节　幼儿音乐游戏的创作

一、什么是幼儿音乐游戏

音乐游戏就是在音乐的伴奏下做游戏。有一定的规则和动作要求，这些动作常常是律动、歌表演或小舞蹈。它采用游戏的方法来培养幼儿的节奏感和音乐素质，一般是按音乐的内容、性质、节奏、乐曲的结构等进行游戏，培养幼儿的节奏感，发展他们音乐的感受力、记忆力、想象力和表演能力。如《丢手绢》，一边唱歌一边传递手绢，最后手绢传到谁的手中，谁就表演节目。又如《猪八戒》，一边击鼓一边传递东西，最后一句东西到谁的手中，谁就出来表演一段猪八戒的动作，游戏结束。这是一种对幼儿进行音乐教育和动作训练的很生动的方法，既有趣味，又能培养幼儿节奏感和对形象的感受能力。

二、幼儿音乐游戏的分类

（一）有主题的幼儿音乐游戏

这种游戏带有一定的内容和情节，突出教育性和娱乐性，如《猫捉老鼠》《大灰狼和小白兔》《小猫钓鱼》

《袋鼠妈妈》等。

(二)无主题的幼儿音乐游戏

这种游戏没有内容和情节,只突出娱乐性,如《抢位子》《传球》《认识五线谱》《快乐小音符》等。

(三)歌舞一体的幼儿音乐游戏

按照歌词的内容、音乐的性质,歌和舞融为一体的音乐游戏,如《丢手绢》《猜一猜》《数高楼》《小熊请客》《找朋友》等。

(四)音乐反应的幼儿音乐游戏

通过听音乐大脑迅速反应的幼儿舞蹈游戏,如《身体反应》《认识自我》《小音符》等。

(五)表演型的幼儿音乐游戏

带有较强的表演因素的幼儿音乐游戏,如《猪八戒吃西瓜》《大红花》《森林音乐会》《小鸟飞回家》等。

三、音乐游戏的创作方法

从幼儿生活中去选择一个创作点或者说是动机,选择与题材相辅的有趣味的音乐,根据音乐的性质、节拍、速度、力度等因素,通过简单、协调、统一的动作,在一定规则上有趣味地反复进行。

(一)确定主题、内容和形式

音乐游戏的形式多样。有歌舞性音乐游戏、创造性音乐游戏、模仿性音乐游戏、竞赛性音乐游戏和体育性音乐游戏,大多是有主题、有角色、有情节,但也有的无主题、无角色、无情节。在创编音乐游戏之前,首先应将内容和形式确定下来,以此为依据来选择游戏的歌曲或乐曲。

(二)根据内容选择音乐

音乐游戏一般是由歌曲或乐曲来伴奏。选择的乐曲或歌曲首先应与内容相符,力求节奏鲜明,对比性强,段落清楚,富有动感。最理想的是选用游戏性歌曲,以便让幼儿边唱边玩,而富有乐趣。

(三)设计游戏的动作与队形变化

音乐游戏的动作不宜设计得过多过难,其重点应放在刻画角色性格和角色之间的情感交流上。同时,力求动作应形象直观,富有趣味性;要善于将幼儿的日常生活的素材加以提炼,多采用拟人化的动物动作,以此来增强幼儿对游戏的兴趣。音乐游戏的队形变化应根据内容形式的发展设定,一般采用圆圈队形。

四、音乐游戏示例

【示例1】

《红五星发给谁》

1=A 2/4

匈牙利民间舞曲

(16)　　　　　　　　　　　　　　　　　　(20)

4 4　1 4 ｜ 3　－ ｜ 4 4　2 4 ｜ 3 3　1 3 ｜ 2̣ 6̣　7̣ 5 ｜ 1　－ ｜ 3　5 ｜

(24)　　　　　　　　　　　　　　　　　　(28)

5　4 3 ｜ 4 6 5 4 ｜ 3 5 1 3 ｜ 2 4 7̇ 2 ｜ 1　－ ｜ i̠ 0 i̠ 7 ｜ 0 7 ｜

(32)　　　　　　　　　　　　　　　　　　(36)

6̇. 7̇ i̇ 6̇ ｜ 5　－ ｜ 4 6 5 4 ｜ 3 5 1 3 ｜ 2 4 7̇ 2 ｜ 1　－ ｜ 3　5 ｜ 5　4 3 ｜

(40)

5 4 2 7̣ ｜ 5̣　0 ｜ 7̣ 5̣ 7̣ 2 ｜ 5 4 3 2 ｜ 3　5 ｜ 5　－ ｜ 3　5 ｜

(44)　　　　　　　　　　　　　(48)

5　4 3 ｜ 5 4 2 7̣ ｜ 5̣　0 ｜ 7̣ 5̣ 7̣ 2 ｜ 5 4 3 2 ｜ 1　1 ｜ 1　－ ‖

1. 音乐：50 小节
2. 游戏方法

准备：全体小朋友坐在小椅子上，双手放在膝盖上，排成弧形队形。老师选择一位小朋友手捧一个红五星站在右斜前方。其他小朋友一边唱一遍拍手（图 3－29）。

第一遍音乐：

①～⑭小节全体小朋友一边唱一边拍手。被选出的小朋友听着音乐在小朋友队形中穿插。

⑮～⑯小节，被选出的小朋友把红五星送给一个小朋友，全体小朋友停止唱和拍手问："为啥送给他？"被选出的小朋友答："他最爱劳动。"大家鼓掌一起说："学习他！学习他！"

第二遍音乐：音乐游戏同上继续，只是结束时被选出的小朋友答："他学习顶呱呱。"大家鼓掌一起说："学习他！学习他！"

第三遍音乐：音乐游戏同上继续，只是结束时被选出的小朋友答："他最听老师话。"大家鼓掌一起说："学习他！学习他！"

以此类推。

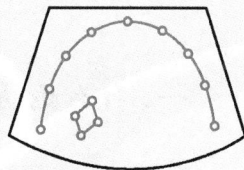

图 3-29　队形示意

【示例 2】

《传娃娃》

刘明源　曲

1＝F 2/4

热烈、欢快

(4)

5 5 6　5 3 2 ｜ 5 5 6　5 3 2 ｜ 5 6 5 2　5 6 5 2 ｜ 3. 2　1 2 3 ｜

(8)

5 5 6　5 3 2 ｜ 5 5 6　5 3 2 ｜ 5 6 5 2　5 6 5 2 ｜ 1 2 6̣ 5̣　1 5̣ ｜

(12)

3 3 5　2 2 5 ｜ 3 3 5　2 2 5 ｜ 4 5 4 3　2 3 2 1 ｜ 7̣ 1 7̣ 1　2 5̣ 2 1 ｜

63

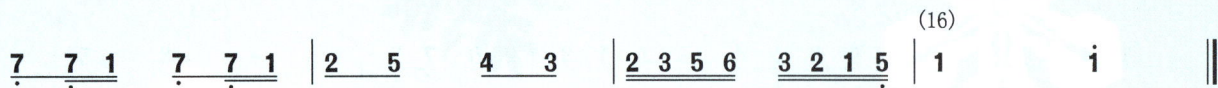

(16)

$\underline{7\ \dot{7}\ \dot{1}}\quad\underline{7\ \dot{7}\ \dot{1}}\ |\ \underline{2}\quad 5\quad\underline{4}\quad 3\ |\ \underline{2\ 3\ 5\ 6}\quad\underline{3\ 2\ 1\ \dot{5}}\ |\ \dot{1}\qquad\dot{i}\qquad\|$

1. **音乐**:16小节
2. **游戏方法**

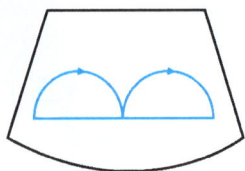

图3-30　队形示意

准备:全体小朋友直立,双脚成小八字形,双手放身体两侧。排成双弧形队形(图3-30)。

第一遍音乐:①～⑯小节,全体小朋友一边唱一边拍手一边传递娃娃。音乐停,不管娃娃传递到谁手中要停下,让手拿娃娃的小朋友出来表演妈妈的角色或者是进行才艺表演,然后继续传递娃娃。

第二遍音乐:同第一遍音乐。

以此类推。

第四节　幼儿歌表演的创作

一、什么是幼儿歌表演

歌表演是一种最常见简单的幼儿歌舞表演形式,是以唱、念为主,动作为辅的一种载歌载舞的幼儿舞蹈表演方式。在童谣、歌曲中配以简单形象的动作、姿态、表情,表达歌词的内容和音乐形象,边唱边念边表演,动作一般随歌曲或童谣始终。主要目的是训练培养幼儿动作与音乐表演的和谐一致,同时也培养幼儿动作的协调性与节奏感,提高对舞蹈动作的记忆力、想象能力和协调能力等,为今后的舞蹈学习打下基础。

二、幼儿歌表演的类别

歌表演是幼儿最常见的舞蹈。主要是为歌曲配上动作进行的表演,是为歌曲服务的。它分简单、复杂两种,简单的是小演员站在舞台上徒手表演做一些手势动作。复杂的表演穿插有队形或者人物,不受场地限制。常见的幼儿歌表演分为以下几种。

(一)情节性幼儿歌表演

有一定的情节,有角色之分,是复杂的歌表演形式,如《七只小乌鸦》里有乌鸦妈妈和乌鸦孩子。

(二)情绪性幼儿歌表演

没有情节,只是表达一种情绪,如《郊游》《生日快乐》《打电话》《我想你》《走路轻轻》等。

三、创作的方法

选择一个孩子喜欢的、动听的幼儿歌曲,根据歌词内容,设计优美而又确切表达歌曲情感的表演动作,在理解、记忆歌词的基础上,以形象生动、优美的歌舞动作进行编排,使孩子的演唱更富有情感的表达性和画面感。歌表演以歌唱为主,动作为辅,在编排中应做到动、静交替。动作不宜过大,应以不影响歌唱为限度,将重点放在歌曲的艺术处理上(图3-31)。

图 3-31　小朋友们在进行歌表演

四、创作歌表演的示例

【示例1】

《花蝴蝶》

词曲：魏振雷

$1=F \dfrac{2}{4}$

自豪地、欢快地

花 蝴 蝶，　真 美 丽，　飞 在 七 色 花 丛　里，

朵 朵 花 儿 开 得　好，唱 歌 跳 舞 多 欢　喜，飞 呀 飞 呀 飞 到 东，

飞 呀 飞 呀 飞 到　西，我 和 花 儿 交 朋　友，　一 生 一 世 不　分　离。

1. 音乐：19 小节
2. 基本动作

动作一

准备动作，全体小朋友直立，双脚成小八字形，双手放身体两侧，平视前方（图 3-32）。

动作二

小波浪手臂，第一拍双手在肩前提手腕，第二拍双手在肩前压手腕。平视前方，头随节奏左右摆动（图 3-33，图 3-34）。

动作三

大波浪手臂，第一拍双手在头上击腕，眼视上方，第二拍双手压腕至身体的斜下方，头随节奏左右摆动（图 3-35，图 3-36）。

动作四

中波浪手臂，第一拍双手从自然位平抬于身体的两侧方提手腕，第二拍双手从身体的两侧方压手腕至自然位。平视前方（图 3-37，图 3-38）。

图 3-32   图 3-33   图 3-34

图 3-35   图 3-36   图 3-37   图 3-38

3. 表演方法

第一遍音乐:全体小朋友直立,双脚成小八字形,双手放身体两侧。从舞台两侧做动作一插花出场,排成双弧形队形(图 3-39,图 3-40)。

第二遍音乐:全体小朋友做动作二。

第三遍音乐:全体小朋友做动作三。

第四遍音乐:全体小朋友做动作四。

第五遍音乐:全体小朋友做动作一变换队形(图 3-41)。

第六遍音乐:全体小朋友做动作一自转一周,造型结束。

通过模仿花蝴蝶的表演,让孩子们体验轻松、活泼、欢快的喜悦心情和花蝴蝶的色彩。

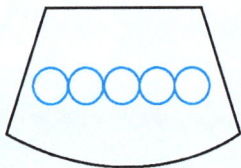
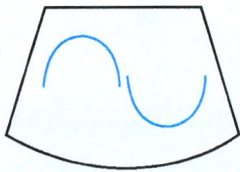
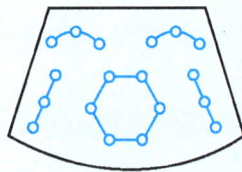

图 3-39 队形示意   图 3-40 队形示意   图 3-41 队形示意

【示例2】

《花蛤蟆》

山东儿歌

$1=C \frac{2}{4}$

欢快、活泼地

(4)

(X   0 |5 i 5 0 |5 i 5 |5 i 5 i |5 i 5 0)|5 i 5 0 |

绿 蛤 蟆,

66

(8)

$\underline{5}\,\dot{1}$　5　0　$|$　$\underline{\dot{1}\dot{1}}\,\underline{7\dot{1}}$　$|$　$\dot{\overset{\frown}{1\,2}}$　5　0　$\|:$　$\underline{\dot{1}}\,0\,5$　$|$　$\underline{2}\,0\,\underline{5}\,0$　$:\|$　$\underline{\dot{1}\,5}\,\underline{6}\,\dot{1}$　$|$

花蛤蟆，　满坑里蛤蟆　蹦　跳，　　喊　哇，　喊　哇，　伸着个　脚

(12)　　　　　　　　　　　　　　　　　　　　　　　　　　　(16)

$\underline{3}\,\underline{6}\,5$　$|$　$\underline{\dot{1}\,5}\,\underline{6}\,\dot{1}$　$|$　$\underline{3}\,\underline{6}\,5$　$|$　$\dot{3}.\,\underline{\dot{2}}\,\underline{\dot{3}\,\dot{2}}$　$|$　$\underline{\dot{1}\,5}\,\overset{\frown}{6}\,5$　$\|:$　$\underline{\dot{1}}\,0\,\underline{\dot{1}}\,0$　$|$

大粗　腰，　瞪着个眼　赛灯泡，　喊哇喊哇　真会　　叫。　喊　喊

(20)　　　　　　　　　　　　　　　　　　　　　　　　　　　　(24)

$\underline{5}\,0\,\underline{5}\,0$　$:\|$　$\overset{\frown}{\underline{6}\,\dot{2}}\,0$　$|$　$\dot{3}.\,\underline{\dot{2}}\,\dot{1}$　$|$　$\underline{\dot{1}\,5}\,\underline{6}\,5$　$|$　$\dot{3}.\,\underline{\dot{2}}\,\dot{1}\,0$　$|$　$\underline{\dot{1}\,5}\,\underline{6}\,5$　$|$　$\overset{\frown}{\underline{6}\,\dot{2}}$　—　$|$

哇　哇，　　吧！　猛一　蹦，腰把　高，嘴一　张，　像水　瓢，　吧！

(28)

$\dot{3}.\,\underline{\dot{2}}\,\underline{\dot{1}\,\dot{2}}$　$|$　$\dot{1}$　0　$|$　$\underline{\dot{1}}\,0\,\underline{5}\,0$　$|$　$\underline{2}\,0\,\underline{5}\,0$　$|$　$\underline{\dot{1}}\,0\,\underline{\dot{1}}\,0$　$|$　$5\,0\,5\,0$　$|$　0　$\overset{\nearrow}{5}$　$\|$

蹦　着还会　叫。　　喊　哇，　喊　哇，　喊，　喊，　哇，　哇，　哇！

1. 音乐：32小节

2. 基本动作

动作一

全体小朋友直立，双脚成大八字步半蹲形，双手放肩两侧，平视前方，连续做幼儿舞步蹦跳步一拍一步（图3-42）。

动作二

第1拍经幼儿舞步蹦跳步，双手成蛙形状放于地上，第2拍经幼儿舞步蹦跳步，双手成蛙形状放于头上，头随身体摆动（图3-43，图3-44）。

动作三

第1拍右脚成大八字步半蹲形，左脚抬起，双手放肩两侧成蛙形状，平视前方。第2拍左脚成大八字步半蹲形，右脚抬起，双手放肩两侧成蛙形状（图3-45）。

图3-42　　　　　　图3-43　　　　　　图3-44　　　　　　图3-45

动作四

第1拍经幼儿舞步蹦跳步，双手成蛙形状放于地上，右脚抬起。第2拍经幼儿舞步蹦跳步，双手成蛙形状放于头上，双脚成虚步，头随身体摆动（图3-46，图3-47）。

动作五

双脚成大八字步半蹲形，连续做幼儿舞步蹦跳步一拍一步，双手成蛙形状（图3-48）。

图 3－46　　　　　　　　图 3－47　　　　　　　　图 3－48

3. 表演方法

第一遍音乐：全体小朋友从舞台一侧做动作一出场，排成圆形队形（图 3－49）。

第二遍音乐：全体小朋友做动作二。

第三遍音乐：全体小朋友做动作三。

第四遍音乐：全体小朋友做动作四。

第五遍音乐：全体小朋友做动作五退场（图 3－50）。

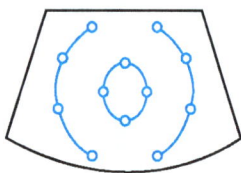
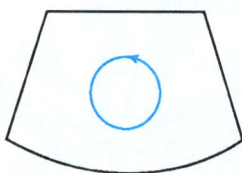

图 3－49　队形示意　　　　　　　　图 3－50　退场队形示意

通过模仿花蛤蟆的歌表演，提高孩子们的表演兴趣和能力。在复杂的队形画面中锻炼孩子们的节奏感、协调性和对歌唱的兴趣以及表演的悟性。

✱ 第五节　幼儿音乐即兴舞的创作

一、什么是幼儿音乐即兴舞

幼儿即兴舞蹈是在悦耳动听的音乐和优美形象的语言启发下，幼儿即兴创作表演的舞蹈。即兴舞蹈的表演，是幼儿在掌握了一定的舞蹈动作技能和具备一定音乐鉴赏能力的基础之上所进行的舞蹈表演活动。即兴舞可以让幼儿个性自由，想象力丰富，语汇自由发挥和扩展，幼儿根据自己对音乐的理解和悟性，在一瞬间创作表演即兴舞，通过即兴舞蹈的训练培养幼儿自信心，让孩子学会用舞蹈的形式表达自己的思想，抒发自己的情感，充分发挥幼儿的思维想象能力和创新表现能力。

二、幼儿音乐即兴舞的创作方法

（一）幼儿音乐即兴创作离不开想象

幼儿音乐即兴教育的主要目的是创新。幼儿身上潜藏着丰富的创造力和敏感的思维能力，幼儿舞蹈编导要为幼儿设计创造的环境。幼儿学会了舞蹈,并掌握了风格、情绪、节奏后,组织幼儿进行即兴创作,为幼儿创设迁移条件,让幼儿用掌握的知识技能进行创新。幼儿可以根据原舞蹈的旋律、节奏、风格自己编动作或改编部分动作。

(1)选择形象鲜明、乐曲短小、简单易懂、节奏性强、旋律优美、有感染力、易被幼儿接受和激发其情绪的音乐,启发孩子们去即兴发挥。幼儿舞蹈音乐应悦耳动听,旋律流畅,具有教育性、趣味性,能启发幼儿展开丰富的联想,能发展幼儿对音乐的感知力、记忆力、想象力和表现力,陶冶幼儿的性情和品格。音乐的节奏要鲜明、强烈,能引起幼儿的动感。节奏的强弱、动静、停顿等都应鲜明。音乐形象应生动具体,乐句最好是整齐的,这有利于幼儿对舞蹈形象、情感的表现和抒发。幼儿思维比较具体形象,他们对事物的爱憎直接表现在言行举止上。在幼儿舞蹈艺术作品的表演中,幼儿的道德感、理智感、实践感和美感都受到各种程度的启迪。

(2)利用幼儿感兴趣的事情,如《公园里》《郊游》《堆积木》《开火车》等作品,曲调天真活泼,充满童趣。让音乐形象唤起孩子对美的向往,引导孩子们去即兴发挥,从而达到美的熏陶和情操的陶冶,唤起孩子对事物的想象。

(3)引导幼儿用语言讲出动作的内容,启发幼儿提高想象动作的能力。众所周知,幼儿舞蹈的动作除了具有节奏性外,还必须具有造型性,也就是要有美化了的动作。幼儿说出话后,幼儿舞蹈编导就必须马上带幼儿做出动作,使动作更加美化、具有造型性,增强幼儿舞蹈的力度和美感。

(二)创作中幼儿舞蹈编导要起主导作用

在即兴创作过程中,幼儿舞蹈编导要起到主导作用。指导时既要给幼儿指出创作的方向,又要给幼儿留有一定的想象回旋余地。在进行创作前,幼儿舞蹈编导必须提出明确的要求,提出编什么,并启发幼儿把动作做出来。

(1)即兴幼儿舞蹈编舞活动中,幼儿舞蹈编导的启发起着关键作用。在即兴幼儿舞蹈编舞之前,幼儿舞蹈编导要先给幼儿讲述一个能够使幼儿产生丰富联想的小故事,激发幼儿创作的积极性,然后再放上一段动听的音乐之后,由幼儿舞蹈编导根据音乐节奏先示范性地跳一遍即兴舞蹈,接着用情感激励的方法让幼儿随着音乐跳舞,要求他们跳的动作不能与幼儿舞蹈编导相同。

(2)提出新动作的幼儿带领大家跳一遍,幼儿舞蹈编导要对此进行评价。最后,幼儿舞蹈编导再放一遍音乐,让幼儿根据自己的想象和音乐理解舞蹈,从中发现幼儿的新动作,如此这般重复进行。这是一种积极有效的即兴舞蹈编舞与练习方法,它使幼儿在幼儿舞蹈编舞的启发下即兴发挥,积极参与编舞活动,又使幼儿舞蹈编导在幼儿的舞蹈中发现新的幼儿舞蹈动作语汇,拓展幼儿舞蹈语汇的积累和提高。

(3)幼儿舞蹈编导要及时给予创新孩子积极评价。幼儿期正是自我评价能力形成的重要时期,自信心的培养是很重要的,幼儿在实践中自身的成功与老师的鼓励、支持是分不开的。幼儿在充满自信心的条件下就会有兴趣做动作,会感到自己有能力,会在活动中充满喜悦之情不怕失败。每当努力获得成功时,如果老师给予正确的评价鼓励和表扬,便是一种情感上的强化,会使幼儿形成正确的评价,并推动幼儿勇于尝试和努力,会形成一种独立的进取精神。当幼儿敢于举手时,幼儿舞蹈编导应给予鼓励,对编出的动作给予肯定,启发幼儿要创新,要和别人编得不一样,发展求异思维。还要鼓励幼儿有表演的愿望,因为幼儿舞蹈是表演艺术,也是表现艺术。没有表演欲望,就不能表演或创作出好的作品来。当幼儿编不下去时,幼儿舞蹈编导要给予具体帮助,并鼓励他创作的好奇心。

(4)创作幼儿舞蹈需要幼儿舞蹈编导要认真做好案头工作,考虑好进行即兴创作时如何根据幼儿的生活经验及知识技能水平进行引导,想好示范性的动作,在幼儿中找好带头人,在创作中起示范作用。总之,幼儿舞蹈编导平时要从多方面丰富幼儿的生活经验,为积极发挥想象提供材料,幼儿只有具备了一定的训练后才能参与幼儿舞蹈编导的创作。

三、幼儿音乐即兴舞的示例

【示例1】

《嘻唰唰》

(节选)

大张伟词曲

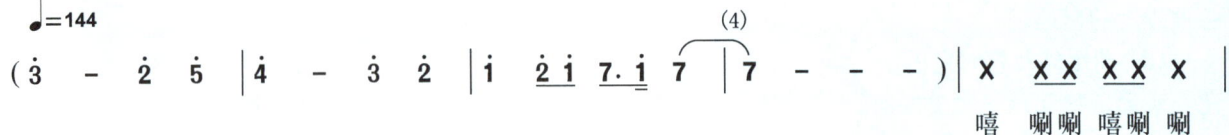

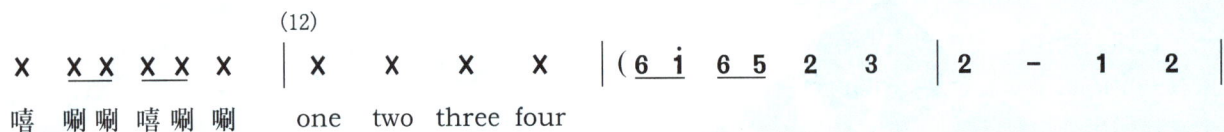

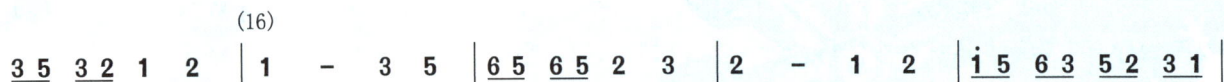

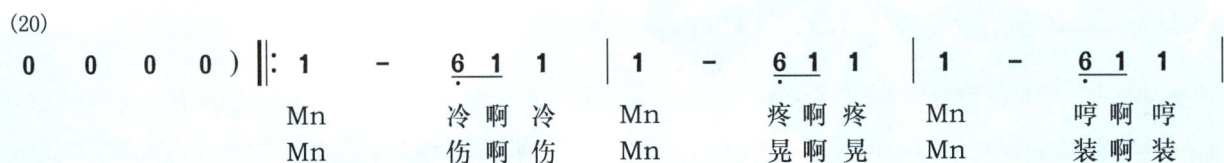

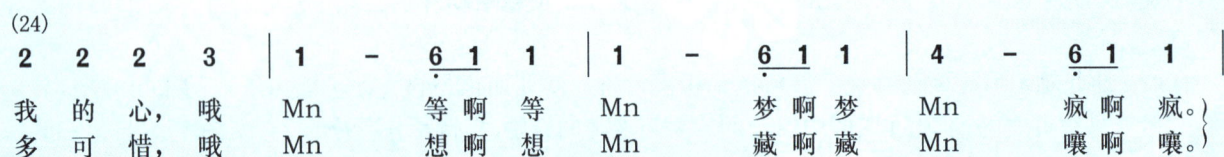

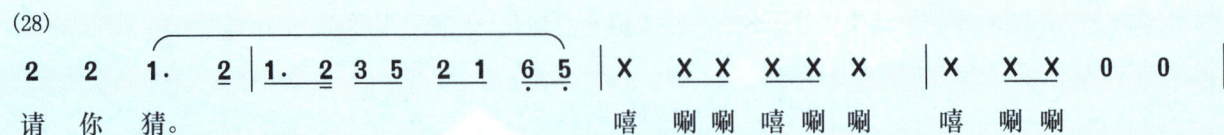

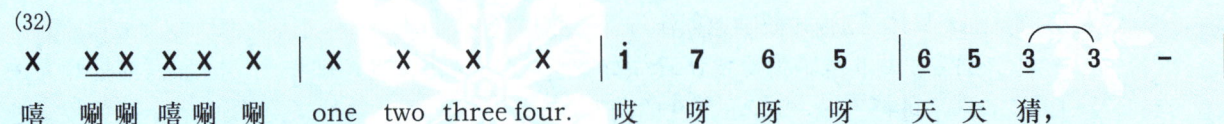

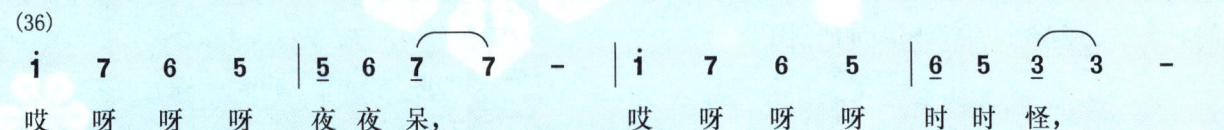

(40)

$\dot{1}$　7　6　5　|　$\underline{5}$　6　$\underline{7}$　7　—　|　7　—　—　—　|　7　—　3　5　‖

哎　呀　呀　呀　已　不　再。　　　　　　　　　　　　　　拿　了 *D.S.*

(44)

结束句

X　X X　X X　X　|　X　　X X　0　0　|　X　X X　X X　X　|　0　0　0　0　|

嘻　唰唰　嘻唰唰　嘻　　唰唰　　　嘻　唰唰　嘻唰唰，

(48)

X　X X　X X　X　|　X　　X X　0　0　|　X　X X　X X　X　|　X　　X　　X　　X　‖

嘻　唰唰　嘻唰唰　嘻　　唰唰　　　嘻　唰唰　嘻唰唰　one　two　three　four

1. 音乐情景分析

该作品是根据大张伟作词作曲、花儿乐队演唱的歌曲《嘻唰唰》编创的，这是一首非常欢快的歌曲，既适合平时训练，也可以作为节日表演的小舞蹈作品。结合起床、伸懒腰、刷牙、洗脸等日常生活中的动作提示，非常适合幼儿训练之用。

本示例的训练还可以帮助孩子养成好的生活习惯，寓教于乐。

2. 基本动作提示

动作一

打哈欠、伸懒腰，早上不愿起床的样子（每个人做的可以不一样）（图 3 - 51）。

动作二

闭着眼睛，双手揉眼，一副睡不醒的样子（图 3 - 52）。

动作三

钻出被窝，穿衣服的动作（图 3 - 53）。

图 3 - 51

图 3 - 52

图 3 - 53

动作四

右手食指伸出，其余手指紧握，放在嘴边模仿刷牙的动作（可配合扭屁股等下肢动作）（图 3 - 54）。

动作五

再现双手洗脸、擦脸、抹香香的动作，可以启发孩子们相互帮助（图 3 - 55）。

动作六

抱着亲亲的动作。可以是抱着父母或者小伙伴亲脸颊，也可以亲吻自己的手背或手心（图 3 - 56）。

图 3-54

图 3-55

图 3-56

3. 实践方法提示

可根据歌曲的歌词分段进行创作。首先,启发孩子早上起床后都做什么,让孩子们听一遍音乐,边听边提示情景,让孩子们跟着音乐自己动,找到其中的节奏。第二遍就可以跟孩子们一起做,鼓励大家做不一样的动作,注意不要教动作。

准备

从地面开始,躺在地上睡觉。教师可提示孩子们晚上睡觉的状态。

引子

播放音乐,0~15″,做动作一和动作六。参考提示语:太阳公公出来咯,小朋友们快起床啦!

第一段

【嘻唰唰,嘻唰唰,嘻唰唰,嘻唰唰,嘻唰唰,嘻唰唰,嘻唰唰,嘻唰唰,嘻唰唰,嘻唰唰。1 2 3 4 go】

做动作二。参考提示语:快起床啦,别磨蹭了,起床穿衣服啦。

第二段

【冷啊冷,疼啊疼,哼啊哼,我的心哦,等啊等,梦啊梦,疯啊疯,请你猜……唉!】

做动作三。参考提示语:好冷啊,快穿衣服啊。

第三段

【嘻唰唰,嘻唰唰,嘻唰唰,嘻唰唰,嘻唰唰。1 2 3 4 go】

做动作四。参考提示语:拿起你的小牙刷,开始刷牙吧。

第四段

【唉……天天猜,唉……夜夜呆,唉……时时怪,唉……已不再】

做动作五。参考提示语:洗洗手,洗洗你的小脸。

第五段

【啦………啦………嘻唰唰　嘻唰唰　嘻唰唰,嘻唰唰　嘻唰唰　嘻唰唰　嘻唰唰　嘻唰唰嘻唰唰　嘻唰唰 1 2 3 4 go】

结束,可根据不同情况将6个动作混合使用。参考提示语:早睡早起,锻炼身体。

【示例2】《魔法变变变》

1. 音乐情景分析

有条件的幼儿园最好能上课时配合即兴钢琴伴奏,根据孩子们的现场表现配合相应的音乐。如条件不允许,可事先做好若干个风格不同的音乐片段,每个人一小段音乐。音乐要求有明显的变化,有魔幻的感觉。

2. 基本动作提示

动作一

变化成皮球,模仿玩皮球的动作,可自由发挥,要求基本的质感符合常理(图3-57)。

动作二

变化成风筝,模仿放风筝时扯线和奔跑的动作(图3-58)。

动作三

变化成铅球,模仿抱着铅球的动作,注意铅球的大小和重量(图3-59)。

动作四

变化成洗澡巾,模仿洗澡的动作(图3-60)。

动作五

变化成泡泡糖,模仿吹泡泡糖的动作(图3-61)。

动作六

变化成船桨,模仿划船的动作(图3-62)。

动作七

变化成方向盘,模仿开车的动作(图3-63)。

动作八

变化成跳绳,模仿跳绳的动作(图3-64)。

……

参考提示语:大家猜猜他做的是什么? 太好了,做得真棒。做得很好啊,继续加油!

图3-57　　　　　图3-58　　　　　图3-59　　　　　图3-60

图3-61　　　　　图3-62　　　　　图3-63　　　　　图3-64

3. 实践方法提示

本训练最好是在圆队形上做,一个一个按照顺序将这个有魔法的魔球传递下去,每个人的动作都不能一样,这样大家都能看到彼此的动作。

参考提示语:这是一个魔法幼儿园,现在我的手指就是魔法棒,不管谁的东西传到我手上都会变化,我想让它变什么就能变什么,在我的手里面玩儿4个八拍之后,我要把它传给下一个人。现在在我手里的是一个篮球(模仿拍球、运球的动作),我把它传给小红(模仿投篮的动作)。注意哦,把篮球接过来之后,要先让我看到是篮球之后,才能变成自己想要的东西,之后传给别人,我们看看谁变的东西最棒。

【示例3】

《春天来了》

日本歌谣
陈永连译配

$1=C \frac{4}{4}$

| 5 | 3 4 | 5 | 6 | 5 | 3 4 | 5 | i | 6 | 5 | 3. | 1 | (4) 2 | — | — | 0 |

1. 春　天　来　了，春　天　来　了，来　到　何　　　方？
2. 鲜　花　开　放，鲜　花　开　放，开　在　何　　　方？
3. 小　鸟　歌　唱，小　鸟　歌　唱，歌　唱在　何　　　方？

| 5 | 6 5 | 3 | 5 | i | 2 i | 6 | i | 5 | 3 | 2. | 5 | (8) i | — | — | 0 |

来　到　山　冈，来　到　村　庄，来　到　田　　野　上。
开　在　山　冈，开　在　村　庄，开　在　田　　野　上。
歌　唱在　山　冈，歌　唱在　村　庄，歌　唱在　田　　野　上。

1. 音乐情景分析

这个示例训练需要集体一起做,在音乐声中,伴随着老师的提示进行,每个基本动作可单独形成小作品,或者任意组合形成作品。在训练中,培养孩子聆听的习惯,感知音乐的强弱和音色的细微变化。

2. 基本动作提示

动作一

模仿冰河融化的动作。

大家紧密地挤在一起,像一座冰山,随着老师的提示语,冰雪慢慢融化,根据音乐的速度变化动作的速度。注意水流的基本方向是向下的。

参考提示语:春天来了,天气逐渐暖和了,厚厚的冰雪开始融化,一点一点地,从外层慢慢融化,变成潺潺的流水,汇成小溪。

动作二

模仿河水潺潺的动作。

参考提示语:大家想象一下,你就是小河里的流水,是怎么流动的啊? 或者你就是小河中的鱼儿、小虾,想一想该怎么动呢?

动作三

模仿蜜蜂采蜜的动作。

参考提示语:辛勤的蜜蜂是怎么飞来飞去的呢?

动作四

模仿植物生长的动作。

参考提示语:你可以是一棵大树,或者是长长的藤条,春天来了你们是如何缠绕的呢?

动作五

模仿鲜花开放的动作。

参考提示语:有没有见过鲜花呢? 你现在就是盛开的鲜花,我们来比比看,看谁开得最漂亮。

动作六

模仿种子发芽的动作。

参考提示语:你就是一粒种子,春天里你是怎么样破土而出,慢慢长大的呢?

动作七

模仿柳枝随风拂动的动作。

参考提示语:你就是河岸上的柳枝,随风轻摆,大家想一想用什么部位表现更合适呢?

动作八

模仿鸭子游动的动作。

参考提示语:池塘边里水温升高了,小鸭子最先知道,那它是怎么走路、游泳的呢?

3. **实践方法提示**

本示例不需要孩子们都做得一模一样,让孩子们发挥自己的想象力,伴着音乐捕捉不同的形象,编导只需要调动孩子们的情绪,引导他们进入你所假定的时空中,扮演不同的角色。发挥孩子们的创造能力。

【示例4】《采茶舞》

《采茶舞曲》

周大风词曲

1. 音乐情景分析

幼儿舞蹈编导首先用语音来吸引孩子们说"茶林里的茶叶真香啊,招来了那么多的蝴蝶",出示蝴蝶的图片,让幼儿想象蝴蝶飞舞的动作。由于出示了蝴蝶,创设了茶林清香优美的环境,激发了幼儿的情感。幼儿听着音乐面带笑容,认真地眼不离手地采着。特别是最后,引导幼儿双手捧着篮子使劲地闻花香,这样一闻茶香,就必须起踵、收腹、提胸,动作自然到位也就十分优美了。复习完动作后,幼儿舞蹈编导交代今天要编《采茶舞》,想想采茶还可以做些什么动作,就再次引导幼儿用语言、动作把自己想象的内容说出来、做出来。

2. 基本动作提示

动作一

捕捉背着背篓上山的动作(图3-65)。

动作二

捕捉闻花香的动作(图3-66)。

动作三

捕捉采摘的动作(图3-67、图3-68)。

动作四

捕捉扑蝴蝶的动作(图3-69)。

图3-65

图3-66　　　　　　图3-67　　　　　　图3-68　　　　　　图3-69

3. 实践方法提示

采茶的场景可能大多数幼儿都没有亲身经历过,在实践过程中可辅助相应的视频或者道具配合完成。如采茶的视频、蝴蝶的图片、背篓、茶篮等。在动作中突出情境性,使动作生动自然,主要训练孩子的表现力。

【示例5】 《猫和老鼠》

<h3 style="text-align:center">《小猫和老鼠》</h3>

1=A 2/4

奥尔夫歌曲

(4)

$\underline{3\ \widehat{2\ 3}}$ 1 | 1 1 1 | $\underline{1\ \widehat{6\ 1}}$ 5 | 5 5 5 | 3 5 3 5 | 1 1 1 1 | 5 5 3

灰老 鼠 吱吱吱, 灰老 鼠, 吱吱 吱 小小 眼睛 骨碌骨碌 转得 快,

小花 猫 喵喵喵, 看见 了, 喵喵 喵 气得 胡子 根根 往上 翘,

(8) (12)

6 5 3 5 | 6 7 6 | 1 1 6 1 | 2 0 1 0 | 2 — | 3 2 1 | 3 2 3 2 1 | X 0 ‖

一到 晚上 跑出来, 偷吃 粮食 最 最 坏, 最最 坏。 嗨!

追上 去呀 追上 去, 抓住 老鼠 使劲 咬, 使劲 咬。

1. 音乐情景分析

本示例的音乐形象非常突出,分别用不同的乐器和不同的旋律代表猫和老鼠的形象,编导应先组织孩子认真聆听音乐,区别不同的音乐形象。在基本形象的基础上可自由发挥。

2. 基本动作提示

动作一

捕捉猫爬行的动作(图3-70)。

动作二

捕捉小老鼠走路的动作(图3-71)。

动作三

捕捉猫的追逐的动作。

动作四

捕捉小老鼠的逃窜的动作。

图3-70

图3-71

3. 实践方法提示

猫和老鼠的故事在各种动画片和童话故事中多有出现,孩子们对这两种形象都有很多的想法,可以根据情况把孩子们分为两组,分别扮演猫和老鼠,在音乐中找到自己的形象。

【示例6】《花车巡游》

《卡门片段》

1=A 2/4

作曲:比才

豪迈的

6 66 66 3 | 6 6 26 7 3 #1 7 | 6 66 7 6 #5 6 | 7 #1 0 7 1 7 0 1 (4) 7 1 0 7 1 7 6 7 |

2 22 2 6 5 6 | 2 2 22 2 3 #4 3 | 2 2 #1 7 7 6 | #5 6 0 5 6 5 0 6 (8) 5 6 0 5 6 5 #4 5 ||

1. 音乐情景分析

花车巡游是一种大型的集体活动,通常在新年或者重大节日时进行,在很多旅游景区也会有类似的活动。本示例使用的音乐是世界著名的歌剧之一《卡门》的选段,融合不同的形象,通过音乐节奏的变化分别走出不同的步伐,做出不同的动作。

2. 基本动作提示

动作一

模仿昂首阔步的仪仗队方阵的动作(图3-72)。

动作二

模仿小丑的动作(图3-73)。

动作三

模仿工人的动作(图3-74)。

动作四

模仿交警的动作(图3-75)。

图3-72　　　　　　　图3-73　　　　　　　图3-74　　　　　　　图3-75

3. 实践方法提示

在实践过程中,编导可根据音乐提示动作的不同变化。参考提示语:快看,仪仗队穿着华丽的服装,迈着整齐的步伐,向我们走来! 以此类推。

【示例7】《神秘城堡》

1. 音乐情景分析

音乐中的神秘气氛将会把你带进一个未知的城堡,发掘古老城堡的秘密。那里的每样东西都不是那么简单。甚至于通往城堡的道路上都会有惊喜的体验,你要学会趟过小河、小心翼翼地走过独木桥、穿越荆棘的丛林、灵巧地绕过各种机关,才能到达神秘的城堡。在游戏中,你会感受神秘的力量,想象的魅力。

2. 基本动作提示

动作一

捕捉趟过小河的动作。

动作二

捕捉密林穿梭的动作(图3-76)。

动作三

捕捉绕过障碍的动作(图3-77)。

动作四

捕捉走独木桥的动作(图3-78)。

动作五

捕捉爬过铁丝网的动作。

图3-76　　　　　　　图3-77　　　　　　　图3-78

3. 实践方法提示

本示例可在一条斜线上集体完成,由老师提示前方会碰到的不同状况,让孩子们做出相应的反应,注意空间的变化和动作的质感。本示例可较好地培养孩子的想象力和感受能力。

【示例8】《一生变化》

1. 音乐情景分析

人的一生对一个成年人来说可能会是非常沉重的话题,太多的感慨和无奈。但是对于孩子们来说可能就非常好玩儿,是孩子对不同年龄阶段人群的观察和体验。

2. 基本动作提示

动作一

捕捉刚出生的小娃娃的动作。(捕捉并学习弟弟妹妹的样子)

动作二

捕捉朝气的少年的动作。(捕捉并学习哥哥姐姐的样子)

动作三

捕捉意气风发的青年的动作。(捕捉并学习叔叔阿姨的样子)

动作四

捕捉忙忙碌碌的中年的动作。(捕捉并学习爸爸妈妈的样子)

图 3-79

动作五

捕捉老态龙钟的老年人的动作(图3-79)。(捕捉并学习爷爷奶奶的样子)

3. 实践方法提示

本示例着重培养孩子观察生活、模仿生活的能力。孩子眼中的弟弟妹妹、哥哥姐姐、叔叔阿姨、爸爸妈妈、爷爷奶奶都会不一样,一千个孩子眼中机会有一千个妈妈们的形象。

【示例9】《环球旅行》

1. 音乐情景分析

环球旅行是大多数人的梦想,但受现实的约束,很多人都难以实现。本示例会帮助大家进行一次虚拟的环球旅行,乘坐不同的交通工具,享受不同的自然景观,感受不同的风土人情。

2. 基本动作提示

动作一

捕捉骑自行车的动作(图3-80)。

动作二

捕捉开汽车的动作(图3-81)。

动作三

捕捉开飞机的动作(图3-82)。

动作四

捕捉海浪的动作(图3-83)。

动作五

捕捉骑马的动作(图3-84)。

图 3-80

图 3-81

图 3-82 　　　　　　　　　图 3-83 　　　　　　　　　图 3-84

3. 实践方法提示

通过大量真实生动的视频图片,展示天文地理的精彩纷呈,让孩子的求知欲猛烈爆发,给他们的想象力插上翅膀。孩子在轻松愉快的舞蹈中,进行了一次环绕世界的旅行!

在这里可以天马行空,任意想象,将想象中所看到的用动作或者语言表达出来,使用弹跳、翻翻、转转等多种表现形式,以各种你意想不到的方式带领孩子浏览我们这个多姿多彩的世界。

【示例 10】《森林狂想曲》

《森林的音乐家》

德国民谣

$1=F\ \frac{4}{4}$

小快板　快乐地

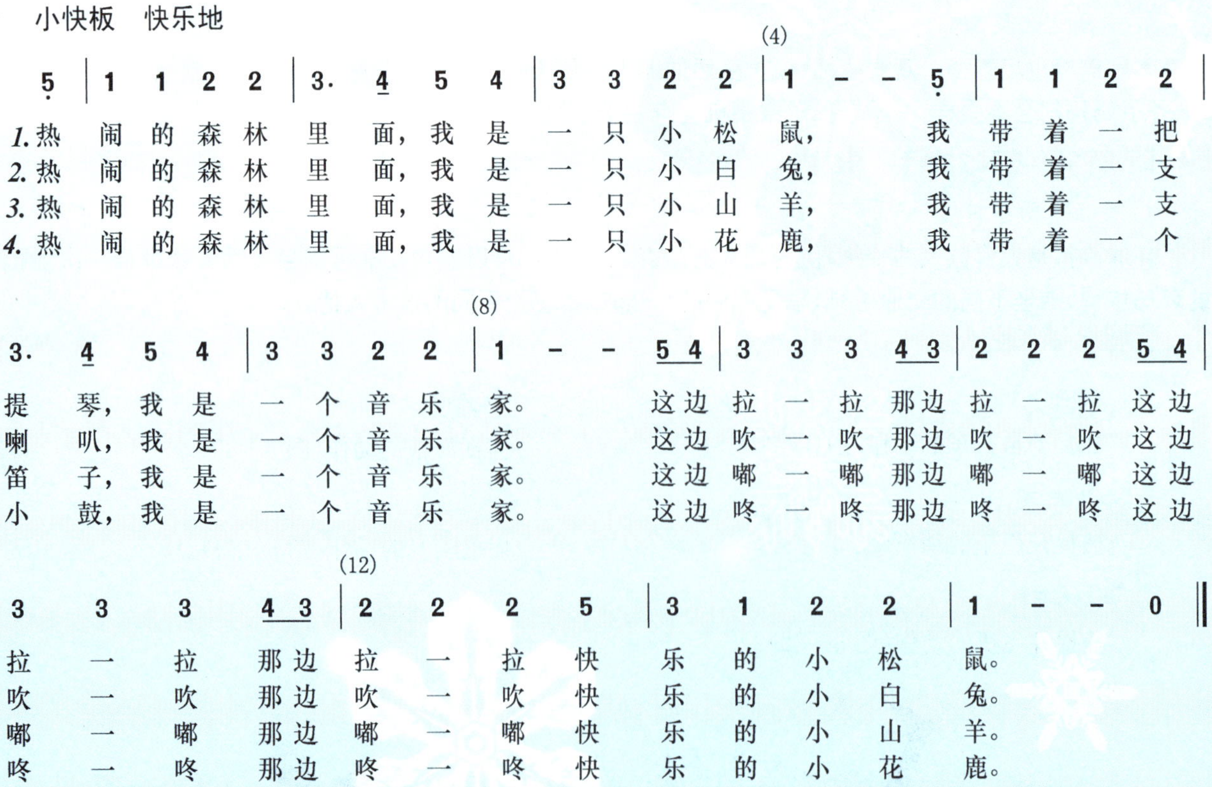

1. 音乐情景分析

流水、雀鸟之声,能镇静人的情绪,松弛我们的身心,而且给人一种返回大自然的感觉,海浪、流水、鸟鸣,风吹过树叶,雨打在屋顶,大自然的原始音响加上改编的著名乐曲合成了天籁之音。新世纪的音乐形式使躁动的灵魂得到最温柔的抚慰,你将在夜里沉沉睡去,以梦为马,在自然之神悠长的呼吸里祈盼黎明。

2. 基本动作提示

动作一
捕捉毛毛虫的形象（图 3-85）。

动作五
捕捉大象的形象（图 3-89）。

动作二
捕捉小鸟的形象（图 3-86）。

动作六
捕捉猴子的形象（图 3-90）。

动作三
捕捉小兔的形象（图 3-87）。

动作七
捕捉蛇的形象。

动作四
捕捉老虎的形象（图 3-88）。

图 3-85

图 3-86

图 3-87

图 3-88

图 3-89

图 3-90

3. 实践方法提示

本示例中的音乐没有明确的音乐形象，音乐在其中仅仅是引领我们进入森林中的氛围，可以让孩子们闭上眼睛去做，想象自己是不同的动物或者植物，安静和谐地相处，尽量避免冲突。

【示例11】《彼得与狼》

《彼得的形象》

$$1=C \quad \frac{4}{4}$$

5 ｜ 1· 3 5 6 5· 3 ｜ 5 6 7· 1 5 3 1 2 ｜ b3 3 b7 3 3 7 ｜ b3 b7

《猫的形象》

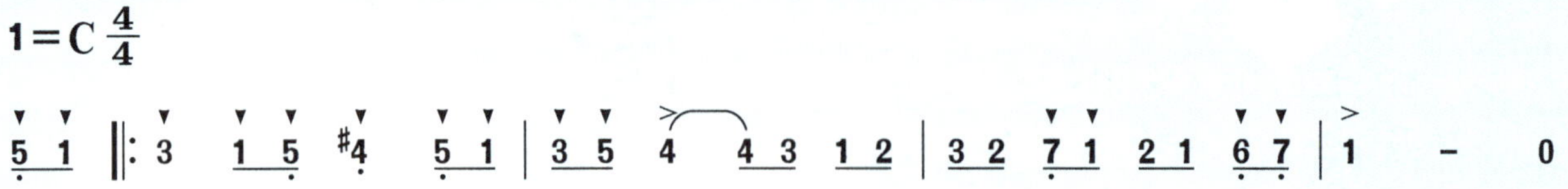

《猎人的形象》

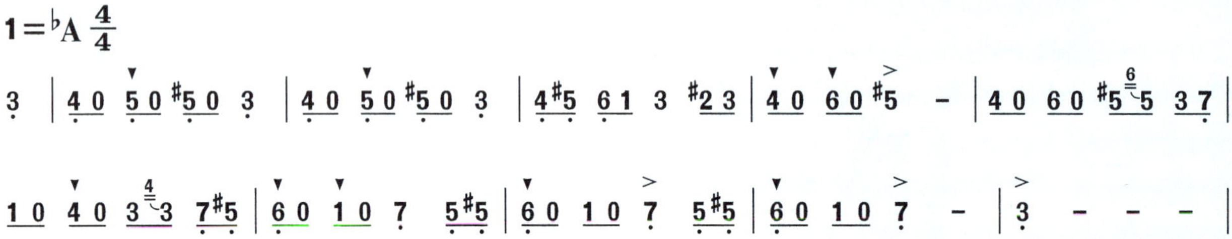

《老爷爷的形象》

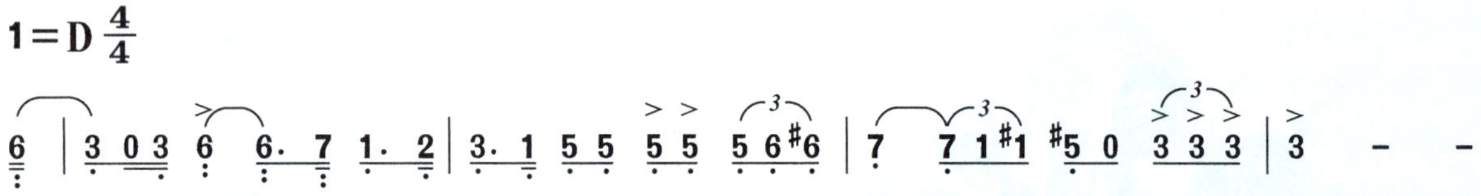

《狼的形象》

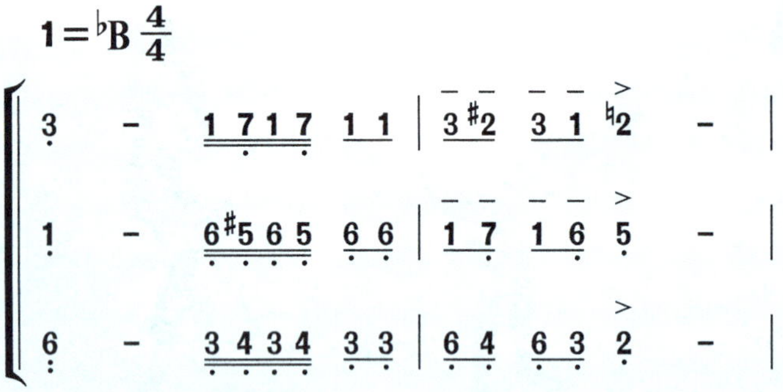

1. 音乐情景分析

这是前苏联作曲家普罗科菲耶夫为孩子们写的一部交响童话,完成于 1936 年春,同年 5 月 2 日在莫斯科的一次音乐会上首次演出。该作品是普罗科菲耶夫的代表作品之一。该曲虽以孩子为对象,但同时也使成人产生很大兴趣。由作者本人所构思的情节和撰写的朗诵词,具有生动活泼而又深刻的教育意义。

故事讲的是少先队员彼得与他的小朋友鸟儿一起玩耍,家中的小鸭在池塘嬉游,与小鸟争吵。猫趁机要捕捉小鸟,被彼得阻拦。爷爷后来吓唬他们说狼要来了,把彼得带回家。不久,狼真的来了,吃掉了小鸭,还躲在树后要捉小鸟和小猫。彼得不顾个人安危,在小鸟的帮助下捉住狼尾巴,将它拴在树上,爷爷和猎人赶来把狼抓进了动物园。故事寓意深刻,表现了儿童彼得以勇敢和机智战胜了凶恶的狼。

作曲家运用乐器来刻画人物和动物的性格、动作和神情,音乐技巧成熟,形式新颖活泼,旋律通俗易懂。全曲既有贯穿的情节,又不是干涩地平铺直叙;每一个角色、每一个段落不但形象鲜明,而且还含有表现得淋漓尽致的艺术魅力。当然,最可宝贵的还是这部作品的思想内容:只要团结起来,勇敢而机智地进行斗争,任何貌似强大的敌人都是可以战胜的。

音乐中用长笛、双簧管、单簧管、大管进行弦乐四重奏。定音鼓和大鼓所奏出的具有特性的短小旋律和音响,分别代表小鸟、鸭子、猫、爷爷、少先队员彼得和猎人的射击声等。曲中采用长笛的高音区表现小鸟的灵活好动;弦乐奏出了彼得的神情,描绘了彼得的机智勇敢;鸭子的形象由双簧管模拟,生动地刻画出那蹒跚的步态;单簧管低音区的跳音演奏描绘了小猫捕捉猎物时的机警神情;爷爷老态龙钟的神态由大管浑厚、粗犷的声音来表现,节奏和音调模拟了老人的唠叨;狼阴森可怕的嚎叫用 3 只圆号来体现[①]。

2. 基本动作提示

动作一
捕捉猎人的形象(图 3-91)。

动作二
捕捉野猫的形象(图 3-92)。

动作三
捕捉彼得的形象。

动作四
捕捉老爷爷的形象(图 3-93)。

动作五
捕捉狐狸的形象(图 3-94)。

动作六
捕捉狼的形象(图 3-95)。

图 3-91　　　　　　图 3-92

图 3-93　　　　　　图 3-94　　　　　　图 3-95

3. 实践方法提示

为了使音乐更易于领会,富于独创性的普罗科菲耶夫别开生面地采用了交响童话的新体裁,即一边用管弦乐队演奏表达不同的音乐形象,一边用富于表情的朗诵词来解说音乐内容的情节。因此,在实践过程中,应充分发挥音乐的作用,努力区别不同的音乐形象。这部交响童话中有很多角色,如彼得、小鸟、鸭子、猫、大灰狼、老爷爷及猎人等。

一开始,乐队把每一个角色分别以 7 种不同乐器,奏出 7 个具有特征的短小旋律主题,具体如下。

第一个表示小鸟的主题音乐,使用了长笛以高音区的明亮音色,吹出快速、频繁、旋转般的旋律。使妈咪和宝宝犹如看见小鸟在天空中愉快地飞翔,叽叽喳喳地唱着歌。

第二个表示鸭子的主题音乐,使用了与唢呐相似双簧管的音色,和鸭子的叫声很像。因此,在中音区吹出的带变化音的徐缓主题旋律,具有悲歌性,表达鸭子后来被大灰狼吞掉的悲惨命运。由于鸭子是善良可爱的,所以吹奏出的鸭子主题音乐也是优美动听的。

第三个表示猫的主题音乐。猫在这部交响童话里是个调皮捣蛋的角色,因此表达它的音乐是用单簧管吹出的轻快活泼的跳跃性音调,显示出小猫的诙谐和活泼的性格。

① 韩洪涛等.谢尔盖·普罗科菲耶夫和他的《彼得与狼》.飞天,2010,(10):75

第四个表示老爷爷的主题音乐。由于老爷爷讲话的声音低,并且说起话和走起路来慢吞吞的,又爱唠唠叨叨地没完没了,所以就用音色浑厚的大管,徐缓地吹奏出较长的叙事音调,使孩子仿佛看到老爷爷唠叨的样子。

第五个表示大灰狼的主题音乐。大灰狼是凶残可恶的,表达它的音乐是用3只圆号吹奏出来的,从音色、音量和音调上,都有一种阴暗的感觉。孩子会感觉到这是反面形象的音乐。

第六个表示猎人开枪的主题音乐。定音鼓急速密集的滚奏,表达猎人从树林一边走出,一边开枪。

第七个表示彼得的主题音乐。最后,乐队以弦乐奏出明快的音乐,生动地表达了活泼、勇敢的小朋友彼得的机智形象①。

本章习题

1. 自娱性的幼儿舞蹈主要包括哪些?

2. 律动的主要类别有哪些?试列举出3~5种。

3. 幼儿集体舞的创作方法有哪些?

4. 仔细观察幼儿的生活,试创编几个幼儿音乐游戏。

5. 仔细观察幼儿的生活,试创编几个幼儿集体舞。

6. 仔细观察幼儿的生活,试创编几个幼儿音乐歌表演。

7. 仔细观察幼儿的生活,试创编几个幼儿音乐即兴舞。

---

① 韩洪涛等.谢尔盖·普罗科菲耶夫和他的《彼得与狼》.飞天,2010,(10):75

第四章

表演性幼儿舞蹈创作方法

内容导读

本章主要讲述表演性幼儿舞蹈的创作方法,幼儿舞蹈编导应该根据幼儿舞蹈的特点和表演性幼儿舞蹈创作方法(即模仿、想象、时、空、力、对比、重复等动作变化发展方法的练习,创作幼儿舞蹈常用的队形画面,幼儿舞蹈编导编排方法提示)等,为一线幼儿舞蹈编导的创作总结出一些粗浅的经验和规律。

本章重点和难点

1. 进一步认识表演性幼儿舞蹈。
2. 熟知表演性幼儿舞蹈的创作方法。
3. 了解表演性幼儿舞蹈作品的构图。
4. 认识表演性幼儿舞蹈构图的创作原则和方法。
5. 能够简单地创作表演性幼儿舞蹈作品。
6. 掌握常用的幼儿舞蹈队形画面。
7. 学会给幼儿排练幼儿舞蹈。

幼儿舞蹈创作是受某种特定的幼儿社会生活动机所驱使的创作活动。优秀的幼儿舞蹈作品离不开对幼儿生活经验的积累,优秀的幼儿舞蹈编导更应注重对幼儿生活的观察。幼儿舞蹈编导要有敏锐、细致的观察力才能发现创造幼儿生活的点,并抓住这个点的特征放大动作,幼儿舞蹈编导要习惯于时时带着观察的眼光去看待幼儿生活中的一切。要认真、细心地去捕捉孩子生活中的各种神态、动态、形态、爱好、嗜好及童心童趣,并且利用各种编舞技术将其美化。整个编舞的过程就是将心里构想和文字结构外化为立体形象的过程,这是幼儿舞蹈内容转化成幼儿舞蹈形式的关键一步,可以充分体现出幼儿舞蹈创作者的编创水平,也是对幼儿舞蹈编创者的实际考验。

第一节　创作幼儿小歌舞的方法

幼儿舞蹈艺术创作要求借助于想象,编创幼儿舞蹈和成人舞蹈一样,要求有一定编创技法或一种靠自发产生的灵感,那么编创幼儿舞蹈就不仅是根据音乐跳舞或首尾连贯的运动,最重要的是表达一种孩子的思想和一种画面,并通过幼儿运动的方式将它呈现出来。这一个环节是在幼儿舞蹈构思的内容、结构、音乐确定好之后,开始创作幼儿舞蹈形式时所要做的。如果说构思是幼儿舞蹈的设计阶段,那么编舞就是幼儿舞蹈的施工阶段。创作表演性幼儿舞蹈的方法,就是要选择符合主题的动作,并把它发展成幼儿舞蹈的舞句、舞段等,所谓幼儿舞蹈编舞技法就是编创幼儿舞蹈的技巧和方法。这些方法来源于无数幼儿舞蹈编导前辈们实践、探讨、奋斗的智慧结晶,为了提高我国当代幼儿舞蹈编导的编舞水平,使其创作出更多的幼儿舞蹈艺术精品,我们根据许多幼儿舞蹈精品创作经验总结出以下多姿多彩创作方法,归纳起来有模仿、想象、重复、夸张、对比、平衡、拟人、象征、铺垫、衬托、渲染等几种,在创作中,充分发挥各种处理方法的作用,才能显示幼儿舞蹈的艺术价值。

一、模仿与想象

在现实生活中用模仿与想象的创作方法去寻找形象。生活当中许多动作可以为幼儿舞蹈语言提供丰富的原始资料,经过加工、提炼、组织、美化就形成了优美动作,如打电话、开汽车、玩变形金刚、打游戏、打手机、洗手、走步、滑雪、打仗、射击等。通过想象使生活形象成为幼儿可以模仿的动作形象,让孩子用形体去模仿生活动作,这就是从生活中捕捉幼儿舞蹈形象。另外,还要注意找典型的幼儿舞蹈动作,有些动作因孩子的身体条件受局限,不能面面俱到,所以只能取一个有特征的典型性的幼儿舞蹈动作,然后用各种编舞方法把它夸张放大去发展成幼儿舞蹈作品。

(一)模仿的创作方法

幼儿舞蹈具有模仿性。幼儿舞蹈创作中模仿是十分重要的,幼儿对新鲜事物的好奇心强,他们感兴趣的都喜欢去模仿,那么模仿就是这个年龄段学习的一种突出形式。模仿是幼儿社会生活中增长知识能力的最主要手段,是他们学习社会生活中各类动作最有效的方法,也是孩子生活中最感兴趣的。

(二)模仿的创作方法示例

[示例1]　动作原型如图4-1。模仿拧毛巾的动作:两手握拳向相反方向转,把动作原型经过提炼、加工、升华成幼儿舞蹈动作舞姿(图4-2),然后利用空间元素变化和发展成舞段(图4-3～图4-8)。在原型拧毛巾的动作基础上变化发展成7个新的动作。当然还可以发展无数个动作。他们动作的动机相同,只是空间发生了变化。

图4-1　拧毛巾原型　　图4-2　拧毛巾变化1　　图4-3　拧毛巾变化2　　图4-4　拧毛巾变化3

图 4-5　拧毛巾变化 4　　图 4-6　拧毛巾变化 5　　图 4-7　拧毛巾变化 6　　图 4-8　拧毛巾变化 7

[示例 2]　动作原型如图 4-9。模仿小指挥的动作：用双手单指做指挥状，经提炼、加工、升华成幼儿舞蹈动作舞姿(图 4-10)，然后利用时空力元素变化和发展等。他们动作的动机相同只是空间发生了变化(图 4-11～图 4-16)。

图 4-9　小指挥原型　　图 4-10　小指挥变化 1　　图 4-11　小指挥变化 2　　图 4-12　小指挥变化 3

图 4-13　小指挥变化 4　　图 4-14　小指挥变化 5　　图 4-15　小指挥变化 6　　图 4-16　小指挥变化 7

[示例 3]　动作原型如图 4-17。模仿洗脸：双手在脸前绕圈，然后提炼、加工、升华成幼儿舞蹈动作舞姿(图 4-18)。然后利用空间元素发展变化。他们动机相同只是时、空发生了变化(图 4-19～图 4-24)。

图 4-17　洗脸原型　　图 4-18　洗脸变化 1　　图 4-19　洗脸变化 2　　图 4-20　洗脸变化 3

图 4-21 洗脸变化 4   图 4-22 洗脸变化 5   图 4-23 洗脸变化 6   图 4-24 洗脸变化 7

[示例 4] 按照动作原型,模仿小动物小鸭走和小鱼游,在小鸭走和小鱼游的动作原型基础上,提炼、加工、升华成幼儿舞蹈动作舞姿,然后利用保上变下的编舞技法变化和发展等(图 4-25～图 4-40)。

① 小鸭走

图 4-25 小鸭走原型   图 4-26 小鸭走变化 1   图 4-27 小鸭走变化 2   图 4-28 小鸭走变化 3

图 4-29 小鸭走变化 4   图 4-30 小鸭走变化 5   图 4-31 小鸭走变化 6   图 4-32 小鸭走变化 7

② 小鱼游

图 4-33 小鱼游原型   图 4-34 小鱼游变化 1   图 4-35 小鱼游变化 2   图 4-36 小鱼游变化 3

图 4-37　小鱼游　　　图 4-38　小鱼游变化 5　　　图 4-39　小鱼游变化 6　　　图 4-40　小鱼游变化 7
　　　　　　变化 4

[示例 5]　按照动作原型(图 4-41)模仿小木偶；在小木偶的动作原型基础上，提炼、加工升华成幼儿舞蹈动作舞姿(图 4-42)，然后根据空间变化和编舞技法的原理，变化舞姿和发展动作等(图 4-43～图 4-48)，他们动机相同只是空间发生了变化。

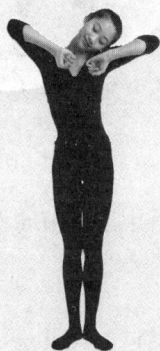

图 4-41　小木偶原型　　　图 4-42　小木偶变化 1　　　图 4-43　小木偶变化 2　　　图 4-44　小木偶变化 3

图 4-45　小木偶变化 4　　　图 4-46　小木偶变化 5　　　图 4-47　小木偶变化 6　　　图 4-48　小木偶变化 7

[示例 6]　按照动作原型(图 4-49)模仿放鞭炮；在放鞭炮的动作原型基础上，提炼、加工升华成幼儿舞蹈动作舞姿(图 4-50)，然后根据限制编舞技法的原理，变化发展舞蹈动作等(图 4-51～图 4-56)，他们动机相同只是限制了手臂，让其他部位发生了变化。

图 4-49 放鞭炮原型　　图 4-50 放鞭炮变化 1　　图 4-51 放鞭炮变化 2　图 4-52 放鞭炮变化 3

图 4-53 放鞭炮变化 4　　图 4-54 放鞭炮变化 5　　图 4-55 放鞭炮变化 6　图 4-56 放鞭炮变化 7

（三）想象创作方法示例

幼儿舞蹈为孩子提供了一个启动想象力的空间。它让幼儿的思维想象在欢歌笑语中展开好奇的翅膀自由大胆地飞翔，通过舞台这扇门窗揭示孩子们的精神世界。

[示例 1] 用熟悉的幼儿歌曲启发孩子自由想象

让幼儿了解音乐的性质、掌握其节奏和表达的内容等。例如在教幼儿创编《郊游》时，让幼儿熟悉这首歌曲的旋律、内容、节奏、性质，了解这首音乐是轻快活泼地表达了孩子对美丽春天郊游的向往和喜爱，引导孩子们进入你的创作，把孩子们自由模仿的动态提炼、加工、升华成幼儿舞蹈动作舞姿，准确运用编舞方法发展成舞句、舞段等。

[示例 2] 创造一个好的情景引导幼儿想象

幼儿舞蹈编导利用吸引孩子们的幻灯片和图片导入，用动听感人的孩子语言、生动地描述画面，深深抓住孩子的眼球和心理，把孩子们带入你所描绘的画面之中，让孩子们的思维想象进入你创作的意境和表现内容。例如：在编排幼儿舞蹈《花裙子》时，先利用幻灯片给幼儿讲述一个漂亮的小女孩穿着一件七彩裙子的故事场景，引导孩子们像花蝴蝶一样飞到七彩裙身边翩翩起舞，启发幼儿用思维去想象这动人的意境，让大家感受到五颜六色的七彩裙给他们带来的那种活跃、快乐的气氛。

[示例 3] 在幼儿掌握的舞蹈元素上创新

引导幼儿将掌握的舞蹈元素变化出许许多多相似却又不相同的动作。然后再进入孩子们的二度创作，增添幼儿的趣味性。幼儿舞蹈编导在创作中，请一个创编出新颖鲜活动作的孩子做给其他小朋友看，使孩子们体会到大家都在注意自己创作的动作，也许下一个做示范的人就是自己，这样既培养了孩子的自信心又能体验创作成功的快乐，同时也在无形中鼓励其他幼儿像他们一样大胆地编动作。例如：在进行小班的"手腕转动"教学时，幼儿舞蹈编导让幼儿可以单、双手交替，做不同方位和空间的手上动作；在大班幼儿舞蹈《摘苹果》中，启发幼儿通过想象到苹果园里看苹果、摘苹果、尝苹果、搬苹果等劳动的场景，体会苹果丰收的喜悦之情以及创作带给孩子们的快乐。

二、动作变化的创作方法练习

（一）动作的重复再现的创作

在幼儿舞蹈创作中，动作原型不断地重复才能给观众留下深刻的印象。重复的动作只有一个，其他的动作都是这个动作变化的派生，这种方法叫做重复创作方法。重复编舞的方法也称再现法，即将幼儿舞蹈中已出现的动律、动作、姿态、步法、技巧等表现手段，在适当处再次再现或多次展现，这是幼儿舞蹈编导为了使幼儿舞蹈动作形象和"意境"深深留在小观众脑海中，利用重复创作方法放大幼儿舞蹈形象，使主题动作更加突出。重复再现的手法在幼儿舞蹈创作中是最常见的。重复手段可以加深观众的印象，主题动作的每次变化都要稍有不同，或时间、或空间、或力量、或色彩、或舞美等。但是，永远重复的是一个原始动作，所有的动作与原始动作都有关系。

（二）创作中常见的重复再现的创作方法

常见重复再现的创作方法有：单一动作重复，组合重复，舞句重复，舞段重复，舞步的重复，表演的重复，构图、画面的重复，音乐形象的重复，开头、结尾的处理方法重复等。重复的方法是幼儿舞蹈编舞工作中最简单而又最重要的方法之一，它能营造一种童趣的诱惑力和穿透力，使量变引起艺术的质变，达到突变，加深幼儿舞蹈作品在观众脑海中的印象，深化作品主题的作用。

（三）动作的重复再现的创作方法示例

[示例1]　选择幼儿音乐《向前冲》这个作品，并根据它的性质、节奏、旋律寻找主题动作（原始动作），利用原始动作进行方向、节奏、空间和力量等元素，让出场、队形、退场都用向前冲这个动机去变形和发展变化，让孩子们牢牢地记住这个动作原型，久久不能忘怀。让小演员体会重复、再现动作的魅力，让幼儿舞蹈编导感受到变化动作显示的光彩。懂得重复编舞的方法，找到编舞的钥匙（图4-57～图4-64）。

图4-57　向前冲原型　　图4-58　向前冲变化1　　图4-59　向前冲变化2　　图4-60　向前冲变化3

图4-61　向前冲变化4　　图4-62　向前冲变化5　　图4-63　向前冲变化6　　图4-64　向前冲变化7

[示例2]　选择作品《雪花飘》这个生活场景，并从中把滑雪摔倒这个动机作为主题动作贯穿始终，并

进行重复发展变化,让主题动作滑倒在不同空间、不同的节奏、不同舞段中变换出新(图4-65~图4-72)。

图4-65 滑倒原型　　　　图4-66 滑倒变化1　　　图4-67 滑倒变化2　　图4-68 滑倒变化3

图4-69 滑倒变化4　　　图4-70 滑倒变化5　　　图4-71 滑倒变化6　　　图4-72 滑倒变化7

[示例3]　首尾呼应编舞方法,开头和结尾用同样的幼儿舞蹈编舞方法,去处理"意境画面"和主题的再现,所谓呼应是指作品在开头和结尾的内容上要有着极其密切的关系,对同一情况做出解释、说明、交代。呼应可以使作品浑然一体,更生动,更具有突出主题的作用。使开头和结尾相互呼应,前有铺垫,后有呼应,承上启下。它是从文学写作手法借鉴过来的,这种方法让幼儿舞蹈结构更加紧密、严谨,内容更加完整,能够强调主题,加深印象,引起舞者和小观众的共鸣。

(四) 动作夸张的创作方法

在幼儿舞蹈创作中,幼儿舞蹈动作提倡选择生活中孩子熟悉的、有幼儿韵味的动作。在生活原型的基础上进行夸张、放大。幼儿舞蹈艺术源于幼儿生活而又高于幼儿生活,幼儿舞蹈也同其他姐妹艺术一样,特别善于使用夸张的手法来发展其艺术形象。创作中把幼儿舞蹈动作、舞姿、步法及人物思维、心态、情节发展、情感宣泄、构图等艺术处理方法,在幅度、力度、速度上,加以对比和浓缩,这就是夸张的艺术处理方法。当然这种夸张不是无限度地随意夸张,它是根植于幼儿生活的原型,无论采取什么样的方法夸张,都不会失去幼儿舞蹈原型动作,只是通过夸张编舞方法不断增加原型动作的表现力度,吸引观众的眼球。实践中幼儿舞蹈编导想要把舞编得精彩和高明,就要巧妙地把握住夸张的"度",把创作所选择的这个生活动作夸张和放大。没有夸大就形不成幼儿舞蹈艺术,就不可能有观众。这是由于幼儿舞蹈是反映幼儿生活的特殊形态这一性质所决定的,只有反映的孩子和情节具有更强烈的艺术感染力,才能吸引观众。

1. 夸张的艺术处理方法

有幼儿舞蹈内容的夸张艺术和幼儿舞蹈形式的夸张艺术两种处理方法。

(1)幼儿舞蹈内容的夸张手法:① 根据幼儿舞蹈人物思维想象进行夸张变化;② 根据幼儿舞蹈孩子内心情感和表现心态进行夸张变化;③ 根据幼儿舞蹈孩子艺术形象进行夸张变化;④ 根据幼儿舞蹈情节内容进行夸张变化;⑤ 根据幼儿舞蹈结构处理进行夸张变化。

(2)幼儿舞蹈形式的夸张手法:① 根据幼儿舞蹈舞姿、动作进行夸张变化;② 根据幼儿舞蹈动态风格进行夸张变化;③ 根据幼儿舞蹈步法进行夸张变化;④ 根据幼儿舞蹈构图进行夸张变化;⑤ 根据幼儿舞蹈舞美进行夸张变化;⑥ 根据幼儿舞蹈结构处理进行夸张变化。

2. 动作夸张的创作方法示例

[示例1]　选择幼儿舞蹈《小孔雀》这个作品中的一个原型动作,通过垂直空间、大小空间、流动空间、时间和音乐节奏快、慢、停等夸张放大,变化成无数美丽动人的小孔雀动作姿态(图4-73~图4-80)。

图 4-73　小孔雀原型　　　图 4-74　小孔雀变化 1　　　图 4-75　小孔雀变化 2　　　图 4-76　小孔雀变化 3

图 4-77　小孔雀变化 4　　　图 4-78　小孔雀变化 5　　　图 4-79　小孔雀变化 6　　　图 4-80　小孔雀变化 7

[示例 2]　　选择幼儿舞蹈《翱翔》这个作品,把海鸥的形态、神态、动态,通过垂直空间、大小空间、流动空间、时间和音乐节奏快、慢、停等夸张放大,变化成无数矫健的海鸥动作姿态(图 4-81~图 4-88)。

图 4-81　海鸥原型　　　图 4-82　海鸥变化 1　　　图 4-83　海鸥变化 2　　　图 4-84　海鸥变化 3

图 4-85　海鸥变化 4　　　图 4-86　海鸥变化 5　　　图 4-87　海鸥变化 6　　　图 4-88　海鸥变化 7

[示例 3]　　选择幼儿舞蹈《小鸟》这个作品,把小鸟的形态、神态、动态,通过垂直空间、大小空间、流动空间、时间和音乐节奏快、慢、停等夸张放大,变化成无数温顺的、可爱的、轻柔的小鸟动作姿态(图 4-89~图 4-96)。

图 4-89　小鸟原型　　　图 4-90　小鸟变化 1　　　图 4-91　小鸟变化 2　　　图 4-92　小鸟变化 3

图 4-93　小鸟变化 4　　　　　图 4-94　小鸟变化 5　　　图 4-95　小鸟变化 6　　图 4-96　小鸟变化 7

（五）动作对比的创作

将幼儿舞蹈艺术中表现方法、表现形态及表现意识等方面，进行相反或相对的关系对比，借以塑造鲜明深刻的幼儿舞蹈形象。对比的方法运用在动作设计，线条运用，结构安排，情节处理和孩子的身体、精神面貌，以及画面构图、音乐变化和服装、道具、灯光布置等方面。在创作中，这些对比变化不应是形式上的安排，而应是幼儿舞台角色内心情感上的促使，给观众一种鲜明的情感表现。幼儿舞蹈动作的变化也应如此，对比性的动作加大了情绪变化的起伏，使各种情感在相对中显得更鲜明、突出，所以能使幼儿舞蹈语言更生动和丰富。

1. 动作对比的创作方法

（1）空间对比：大与小、高与矮、方与圆、放与收、动与静、左与右等。

（2）力度对比：强与弱、强与强、弱与弱、延长与停顿和气氛的对比。

（3）幅度对比：高与低、大与小、深与浅、长与短、宽与窄、曲与直、聚与放的对比。

（4）音乐节奏对比：动作流动和构图变化中的快与慢，急与缓的对比。

（5）动作韵律对比：轻与重、刚与柔、提与沉、冲与靠、含与展的对比。

（6）动作形态对比：动与静、隐与显、张与紧、开与关、绷与勾的对比。

（7）动作结构对比：繁与简、巧与拙、雅与俗，开头与结尾，以及发展中的自我对比。

（8）舞台色光对比：明与暗的光线、冷与暖的色差、浓与淡的品位对比。

（9）舞台空间与孩子身体方位对比等。

对比的方法，使幼儿舞蹈形象更加鲜明突出。

2. 动作对比的创作方法示例

[示例 1]　时间对比。时间泛指音乐的速度，这里指幼儿舞蹈编导在发展动作时，利用音乐速度提供的节奏快与慢、强与弱、延长与停顿来设计动作。也有可能节奏与动作不同，形成对抗，破掉原有的节奏。

[示例2]　力量对比。强与弱、长与短等(图4-97)

强　　　　　弱　　　　　　　　长　　　　　　　短

图4-97　力量对比

[示例3]　空间对比。上与下、高与低、左与右等(图4-98)

高　　　　　　　　低　　　　　　　　左

右　　　　　　　　上　　　　　　　　下

图4-98　空间对比

(六)幼儿舞蹈节奏变化创作

1. 幼儿舞蹈节奏变化创作方法

幼儿舞蹈节奏是指幼儿舞蹈动作的节拍的变化、时值的长短、速度的快慢、力度的强弱以及它们相互间根据作品的要求所形成的比例关系的总和。幼儿舞蹈作品必须符合幼儿年龄段的特点,其要求幼儿舞蹈节奏活泼、鲜明,动作简单、形象,节奏、节拍单纯,变化不需要太复杂,音乐旋律流畅动听,朗朗上口,富有童趣,这样幼儿学习起来就会更加轻松并具有趣味性。幼儿舞蹈动作的运动必须是在一定的节奏下进行,必须通过节奏的速度、力度的变化才能产生。节奏感也正是幼儿对节奏产生的某种知觉和反应,幼儿只有对节奏有了感觉,才有可能做出千姿百态的舞姿来。在进行幼儿舞蹈教学中应对幼儿进行乐曲欣赏的培养,让幼儿了解乐曲风格、熟悉乐曲旋律和节奏再进行幼儿舞蹈教学。3岁以上的幼儿对音乐的节奏已经有了初步的辨别能力,随着动作的灵活性和协调性的提高,幼儿在进行幼儿舞蹈动作练习时可以根据音乐的变化而变化。在对幼儿进行舞蹈练习时,可以让幼儿随着音乐的快慢、强弱、高低的变化在动作中做出不同的反应。

2. 幼儿舞蹈节奏变化创作方法示例

[示例1] 利用幼儿舞蹈作品《拍球》,启发引导帮助幼儿理解、感受和掌握表达幼儿舞蹈的内容、感情及动作。音乐速度快了,球要拍得快;音乐速度渐慢,拍球的速度亦应减慢;音乐力度加强时,动作幅度可以大一些,球拍得重一些;音乐力度减弱时,拍球的幅度可以适当地放小一些,球拍得轻一些;音乐在高音区演奏时,可以加踮脚尖拍球的高潮动作;音乐处于低音区较柔和时,可采取与空间相协调的蹲下拍球等。重视音乐感受力和对节奏的变化能灵巧准确地反映舞蹈的内容和感情。幼儿舞蹈大多是三分之一拍、四分之一拍、八分之一拍和简单的符点音乐。

(1)音乐中四拍一次可以做缓慢的拍球练习(图4-99)。

(2)一拍一次可以做快节奏的跳跃拍球动作(图4-100)。

第1拍　　　　第2拍

图4-99　缓慢拍球　　　　　　　　图4-100　跳跃拍球

(3)柔和舒缓的节奏可以做缥缈的拍球动作(图4-101)。

第1拍　　　　第2拍　　　　第3拍　　　　第4拍

图4-101　缥缈拍球

(4)有休止的可以做静止的拍球造型(图4-102)。

(5)轻快的节奏风格可以交替跑跳做拍球(图4-103)。

第1拍　　　　　　　　　第2拍

图4-102　静止拍球　　　　　　　　　图4-103　交替跑跳拍球

（6）进行曲式的可以行进地拍球（图4-104）。

图4-104　行进拍球

（7）节奏强的可以用力地拍球和砸球等（图4-105）。

图4-105　用力拍球和砸球

［示例2］　利用《小鸭小鸭》乐曲做四段音乐性质变化练习。

第一段是清新悠扬的节奏特性，就可以做睡醒起身的动作（图4-106）。

图4-106　睡醒起身

第二段则是短促跳跃的节奏，可以做力度稍强、干净跳跃的动作（图4-107）。

第三段中浑厚强烈的节奏，可以做惊慌快速的碎步动作（图4-108）。

图 4-107　干净跳跃

图 4-108　惊慌快速碎步

第四段中的节奏是幼儿比较容易诠释的摇摆轻快的风格,就可以以幼儿的已有经验来做一些模仿动作或是游戏动作(图 4-109)。

1　　　　　　　　2　　　　　　　　3　　　　　　　　4

图 4-109　模仿动作

(七) 幼儿舞蹈造型变化创作

1. 幼儿舞蹈造型变化创作方法

幼儿舞蹈在空间活动中运用幼儿的身体可以演绎出各种动态形象,以及在舞台空间移动变化位置瞬间的停顿和假定式,即造型。通常幼儿舞蹈创作中,编导应该具备利用编舞方法去占据空间、感觉空间、构筑空间和描绘空间的能力。编舞中可以根据自己的创作意图,任意地构筑空间或者呈现空间。空间是三维的:高度、宽度、深度;空间可创造出许多预想不到的奇迹。然而,空间有它自己的表现方法。幼儿舞蹈是通过孩子优美的舞姿美感要素来表现线条内的空间感,幼儿舞蹈的创编也离不开对空间的表现,或是静态的造型,或是动态的造型。静态的造型是指静止的幼儿舞蹈形象或幼儿舞蹈姿态的造型,强调连续性动作之后的静止姿态;而动态的造型则是指造型的发展和变化,能够用思维在复杂的节奏中正确地支配自己的身体,去挖空间,找造型,灵活地运用身体去寻找动作的奇迹,如在空间中运动的路线或是动作中同时保持造型的姿态等,动作运动的过程清晰而富有美感,若将任何动作瞬间停止又都会呈现出优美的姿态。在幼儿舞蹈创编中,常常是以空间方位的变换或是身体部位的运用呈示丰富的幼儿舞蹈造型,通过时间与空间、静态与动态、幼儿舞蹈造型与动作的交织与变化,创作出富有童心童趣形象化的幼儿舞蹈动作姿态。

2. 幼儿舞蹈造型变化创作方法示例

[示例 1]　我们选择天鹅的手臂波浪,借鉴一些成人的编舞技法动作的积累与叠加,根据幼儿舞蹈的特点和幼儿舞蹈的音乐节奏,从单一的手臂波浪动作到幼儿舞蹈短句,再到幼儿舞蹈组合以及完整的幼儿舞蹈的作品,均要渗透空间方位和身体部位的概念(图 4-110)。

[示例 2]　保持下身变化上身(图 4-111)。

天鹅原型　　　　天鹅变化 1　　　　天鹅变化 2　　　　天鹅变化 3

天鹅变化 4　　　　　天鹅变化 5　　　　　天鹅变化 6

图 4-110　天鹅动作一

天鹅变化 1　　　天鹅变化 2　　　天鹅变化 3　　　天鹅变化 4

天鹅变化 5　　　天鹅变化 6　　　天鹅变化 7　　　天鹅变化 8

图 4-111　天鹅动作二

[示例3] 保持上身变化下身。

我们选择青蛙的形态,通过方向、角度、空间来发展变化。

A. 从幼儿舞蹈的方位角度去设计,横向空间中通常有8个方向,以舞者身体面对观众的方向为一点,顺时针方向转动45°为二点,依次进行直至八点产生8个造型。

B. 纵向空间通常分为三度空间(垂直空间),一度空间位蹲、跪、趴、躺、滚等,二度空间是指身体直立位,三度空间是跳起(图4-112)。

| 青蛙原型 | 青蛙变化1 | 青蛙变化2 | 青蛙变化3 | 青蛙变化4 |

| 青蛙变化5 | 青蛙变化6 | 青蛙变化7 | 青蛙变化8 | 青蛙变化9 |

图4-112 青蛙动作一

[示例4] 利用造型变化身体的小空间。

小空间是孩子身体的各个部位,是造型表现的载体,造型的变化发展也正是通过肢体的运动来实现的,可分为以下4个部分。

A. 头部,可通过抬、俯、侧、绕、甩等动作的配合,把动作的轮廓放大,表达不同孩子的内心情感,更深刻地表现动作的内在性(图4-113)。

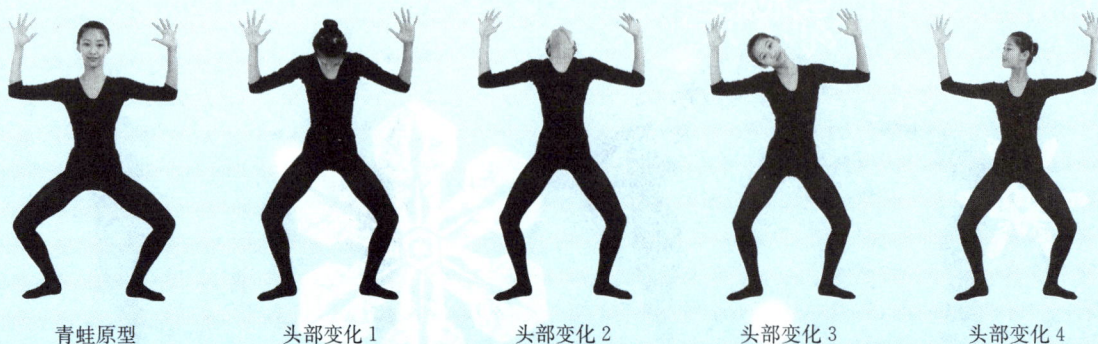

| 青蛙原型 | 头部变化1 | 头部变化2 | 头部变化3 | 头部变化4 |

图4-113 青蛙动作二

B. 手臂,可将提、落、抻、收、穿、推、托、按等动作单一进行或是组合,在时间或是力度的变化中,构成各种动态的姿态造型与动作(图4-114)。

青蛙原型　　　　　　手臂变化 1　　　　　　手臂变化 2　　　　　　手臂变化 3

手臂变化 4　　　　　　手臂变化 5　　　　　　手臂变化 6　　　　　　手臂变化 7

图 4-114　青蛙动作三

C. 腰部,前、旁、后、拧、倾、曲、腰、拧等动态和身体的空间应用,加之呼吸的配合构成具有丰富表现力的形体(图 4-115)。

青蛙原型　　　　　　腰部变化 1　　　　　　腰部变化 2　　　　　　腰部变化 3

腰部变化 4　　　　　　腰部变化 5　　　　　　腰部变化 6　　　　　　腰部变化 7

图 4-115　青蛙动作四

D. 胯部,通过胯部的前、后、左、右的自由摆动和画圆变化,表现出独特的情趣性动作(图4-116)。

青蛙原型　　　　　　　　胯部变化1　　　　　　　　胯部变化2

胯部变化3　　　　　　　　胯部变化4　　　　　　　　胯部变化5

图4-116　青蛙动作五

E. 腿部,腿部的重要意义在于支撑和控制,造型和动作都要用腿部去掌握身体的重心或是控制身体的平衡,可采用踢、吸、跑、跳等各种幼儿舞步,通过"改变节奏""改变空间""改变动作某一局部,保留动作整体风格""改变动作整体风格,保留动作元素"的方法进行动作训练。表现出丰富的幼儿情感(图4-117)。

踢　　　　　　　　吸　　　　　　　　跑　　　　　　　　跳

图4-117　腿部动作

F. 利用形容词加名词性的造型练习,如愤怒的小鸟、漂亮的孔雀、可爱的小猪等,来引导幼儿创作造型。

G. 结合幼儿特点和以上方法,选择一个点,创作出多个动作造型,然后把这些动作造型连接起来,任意编排出4~8个八拍动作或一个舞段。

(八)动机编舞法

创作中在动机的引导下,即选用一个主题动作,进行动态、动速、动律、动力的变化。利用动作的三大要素,即时间、空间、力量进行发展变化把单一的主题动作,发展成舞句和舞段等。

三、幼儿舞蹈基本步法的发展变化

（一）幼儿舞蹈基本步法和变化方法

幼儿基本舞步是各种幼儿舞蹈姿态的连接动作与辅助动作。在舞步的基础上,再加上时间变化、力量变化、空间变化等,让幼儿更有效地掌握和实践。

（二）幼儿舞蹈基本步法变化示例

[示例1]　结合上面所讲解的常用的幼儿基本舞步,任意选出1种舞步,结合音乐做变化音乐节奏的练习(三拍子、四拍子、二拍子的快、慢、停、附点等)。

[示例2]　结合上面所讲解的常用的幼儿舞步,任意选出1种舞步,结合音乐做确保舞步动作的基础方位的变化姿态(上、下、左、右、前、后、各个方向等)。

[示例3]　结合上面所讲解的常用幼儿舞步,任意选出1种舞步,结合音乐在确保舞步动作的基础上做保留舞步不变,上身舞姿不断变化或保留上身舞姿不变,舞步不断发展变化的练习。

[示例4]　结合上面所讲解的常用幼儿舞步,任意选出1种舞步,结合音乐做空间流动练习。

[示例5]　结合上面所讲解的常用幼儿舞步,任意选出1种舞步,结合音乐做节奏变化练习。

总之,幼儿舞蹈编导在创作中要提炼幼儿的生活素材,选择主题内容,将幼儿舞蹈结构、舞蹈动作、舞蹈语言、舞蹈构图、舞蹈音乐和舞台美术等表现手法,进行技术加工整理和特殊的艺术处理。同时分析幼儿舞蹈动作的创作、动作的变化、动作的表现,通过时、空、力、构图等,使动作发展成舞句、舞段及动作的形式结构,研究幼儿舞蹈动作性能,发现幼儿舞蹈动作规律,提高幼儿舞蹈作品结构的能力,恰如其分地表达孩子有趣的生活,塑造栩栩如生、富有现代气息的幼儿生活艺术形象。

第二节　创作幼儿舞蹈作品的构图

幼儿舞蹈作品的流动空间就是幼儿舞蹈创作中的动作和队形变化在舞台上所形成的构图,它是幼儿舞蹈作品的有机组成部分和主要表现手段之一。它对深刻表现幼儿舞蹈作品的主题思想、生动塑造完美的幼儿舞蹈形象、充分发挥幼儿舞蹈艺术特有的表现力,有着重要作用。剖析成功的幼儿舞蹈作品,除了由于它具备了主题鲜明、结构严谨、幼儿舞蹈语汇生动富有特色外,同时还由于它具备了与此相适应的优美、丰富而切题的幼儿舞蹈构图。研究和探讨幼儿舞蹈构图的规律性,对于幼儿舞蹈艺术创作和幼儿舞蹈理论建设都是十分有益的。

我们现在所创作的幼儿舞蹈通常是要通过舞台传达给观众的,也就是在剧场演出的幼儿舞蹈。此外,还有不通过舞台的幼儿舞蹈,如体育场的幼儿舞蹈、广场大型的幼儿舞蹈、影视幼儿舞蹈等。因此,我们在创作中就不可避免地会遇到舞台上空间的运用问题。编排一个或多个幼儿小演员跳舞的舞台位置、动作方向、运动路线,这就是"幼儿舞蹈舞台调度",也是幼儿舞蹈动作和空间的关系。

一、幼儿舞蹈的构图

幼儿舞蹈构图可分为幼儿舞蹈移动线(即幼儿舞蹈队形变化)和幼儿舞蹈画面(也称幼儿舞蹈场面)两个部分。幼儿舞蹈中的角色,根据作品的内容要求,在舞台上构成各种各样的幼儿舞蹈画面。这些幼儿舞蹈画面的形成与变化是靠幼儿舞蹈移动线来连接的,没有幼儿舞蹈移动线的出现就不可能有幼儿舞蹈画面的转换,而没有幼儿舞蹈画面的变化和更换也就不需要也不会产生幼儿舞蹈移动线。如果说幼儿舞蹈移动线是变换幼儿舞蹈画面的一种过程,那么幼儿舞蹈画面则可以说是这种过程的某一个停顿和结果。两者相辅相成,不断地进行连接和变化,为表现幼儿舞蹈作品的主题,交代环境情节和塑造幼儿天真、活泼、可爱的形象而发挥其特有的作用。

（一）幼儿舞蹈移动线及其基本特性

幼儿舞蹈移动线是由于幼儿舞蹈中人物在舞台空间的一系列地位移动而形成的。它是幼儿舞蹈艺术在表现人物的行进活动、环境和地点以及处理情绪、节奏变化时的一个重要手段。正确运用幼儿舞蹈移动线，可以将有限的舞台空间面积展示为无限广阔的表现场地，人物的舞台位置移动、环境地点的更换及情绪、节奏变化与舞台的有限空间面积有着一定的矛盾。幼儿舞蹈移动线的合理组合，是解决这种矛盾的重要手段。这种在有限的舞台空间中，合理地反映出人物的不断行进和自然地变异情与境的艺术效果，正是幼儿舞蹈移动线的特有性能。

创作中我们在舞台上运用斜线和弧线所相连的幼儿舞蹈移动线，就能使人在感觉上脱开舞台空间面积的限制，从而形成一种延续不断向前行进的直觉感。我们将圆弧形的幼儿舞蹈移动线一下子变化为两条平行线，就可以感到炽烈、流畅的情绪和气氛，急转成沉稳、雄健的节奏和气氛。仔细地分析每一种幼儿舞蹈移动线，可以清楚地看出它们各自都有较明显的感情倾向性，因此掌握各种幼儿舞蹈移动线的基本特性，将有助于更准确地运用它们来为内容服务。我们可以归纳为以下5种基本特性。

（1）平行移动线，一般表现平静、自如和稳定的情绪。

（2）斜线移动，一般表现有力地推进，并有延续和纵深感。

（3）直线向前的竖线移动，为有强健、有力的压迫感和距离由远而近的感觉。

（4）弧线的移动则呈现出柔和、流畅的感觉。

（5）折线移动给人以游动不稳定的活跃之感。

总之，在许多成功的幼儿舞蹈作品中，幼儿舞蹈移动线的各种运用和变化，都是出于作品内容、环境地点、情绪和节奏变化发展的需要。各种幼儿舞蹈移动线也只有在符合了以上需要的前提下进行各种变化，才能很好地发挥它们的作用。了解了幼儿舞蹈移动线的基本特性，还必须根据以上需要来恰当地运用它们，使其在幼儿舞蹈作品的情景描述、环境地点的勾画和节奏的张弛上发挥作用。幼儿舞蹈创作中编导如果掌握了幼儿舞蹈移动线的特点，明确了它们的基本特性，充分发挥它们的作用，就可以通过幼儿舞蹈动作的幅度、力度、行进的速度差异来进行一定的变化，从而更加丰富幼儿舞蹈移动线的表现力，有利于描述特定的环境、气氛和展示孩子的思想感情。

（二）复线的运用

在幼儿舞蹈作品中，除了通常运用单一的幼儿舞蹈移动线之外，往往见到同一时间内几种单一幼儿舞蹈移动线的综合和交叉，这种状态我们称之为复线运用。因为单线的连接变化不如复线变化丰富多样。例如：运用单一的平行线移动，它是平静的，即使移动速度再快，动作幅度和节奏力度再强劲有力，也决不如三四条平行线相互交织移动所构成的磅礴气势。运用斜线和折线的结合，能加强紧张和急促的气氛。幼儿舞蹈移动线无论是单线还是复线，不论其怎么变化和组接，万变不离其宗，任何复杂的变化都是根据幼儿舞蹈作品的内容需要，都是按照幼儿舞蹈形象的感情转换而转换的。

（三）幼儿舞蹈画面的作用和艺术处理

当幼儿舞蹈中的人物舞动或静止地分布在舞台的固定位置上，形成了多样的造型图案时，小观众可以从这些幼儿舞蹈编导精心安排的各种舞台布局中，感受到一种集中的情感和思想意识。这种为烘托、渲染某种特定情绪和气氛的艺术处理手法，就是幼儿舞蹈画面。综观所有的优秀幼儿舞蹈，不论其幼儿舞蹈画面有多么丰富、复杂，我们可以清楚地看到以下4个特点：

1. 分散与集中

任何幼儿舞蹈画面都是由"分散"和"集中"这两种基本状态所构成。一般来说，运用"分散"的幼儿舞蹈画面是为了展现总体的群像，这种处于分散的、占满舞台空间面积的画面，不仅可以表现出总体的气势，渲染一种特定的浓郁情感，并且它还能在幼儿舞蹈总体群像中，进行对主要人物的衬托和加强。例如：《小孔雀舞》的分散画面，它展示了许多美丽的孔雀迎风展翅，以及在溪边饮水嬉戏的动人群像。在《花朵，花朵》的几处分散画面和结尾的中间处理了一朵大葵花，它的四周陪衬以满台的许多小葵花，整幅画面鲜明地表现了朵朵葵花向太阳的主题思想。这种总体的群像展示和主次的烘云托月相结合的处理,给小观众留下深刻印象。

所谓"集中"画面,顾名思义就是集中地、概括性地表现某种情景,是对孩子喜爱的人物形象的集中描述和特写。仍以《孔雀舞》和《葵花舞》为例,编导者设计的集中画面,正是为了重点描绘出一只孔雀的美丽形象和突出地表现一朵特大葵花而精心设计的。这种处理使观众鲜明地感受到作者所要重点描述的思想意图,从而集中概括地从孔雀和葵花的形象中,加深孩子对美好意境的领会,使之进一步扩大艺术感染力。"分散"和"集中"的画面,两者之间可以说是"面"和"点"的关系,犹如电影艺术中的"全景""远景""近景""特写",又和摄影镜头的"推"和"拉"手法相似。有才华的编导巧妙地掌握"分散"和"集中"的有机联系,构成了许多幅精美丰富的幼儿舞蹈画面,以展现角色形象和各种特定的富有童心的意境。因此,"分散"和"集中"画面处理得是否恰当,将直接影响幼儿舞蹈形象的鲜明和完整,对作品的艺术效果产生一定作用。

2. 简与繁

幼儿舞蹈画面是来自生活,经过编导加工提炼而成的。出现在舞台上的画面,既不能显得单调,又不能使人感到十分杂乱。幼儿舞蹈画面要求做到"简而不单,繁而不乱",也就是说在舞台上虽人数不多,但只要布局得当,就能达到既优美又显得丰满。人数众多的画面虽占满整个舞台,但仍是纵横清晰、层次分明,给人以精确、洁净的感觉。这种艺术效果在许多成功幼儿舞蹈中是屡见不鲜的。《小猫钓鱼》《小男孩》《嘚啵嘚啵嘚》《姥姥的布老虎》《讲故事的孩子》等幼儿舞蹈画面的处理上,由于在"分散"和"集中"时起承转和适度,舞台分布的位置匀称开阔和恰当,给小观众的感觉就是丰满和厚实。幼儿舞蹈《学做解放军》和《兵娃娃》的一些战斗画面,幼儿舞蹈编导巧妙地将舞台的整个空间占满,因此从"分散""集中"之中,呈现出纷繁复杂和万马奔腾之势。繁而不乱的例子就更多了。在幼儿舞蹈《小水兵》《小蚂蚁》的不少画面中,我们看到小演员很多,由于处理上的精确、干净,使纵横交错和绵延不断的画面变得清晰规整、有条不紊。在幼儿舞蹈编导的恰当安排下,既表现了主题,又十分优美洁净,丝毫不给人有塞满舞台和眼花缭乱的感觉。创作中要达到"简而不单,繁而不乱"的要求,必须注意舞台空间面积的合理排列,即有时以一当十或以十当一。无论是人多还是人少,都要在实际运用的处理中既不能拥挤又不显空旷,并且在每一个画面中,无论演员有多少,都要与舞台位置有机联系起来,并依照一定的图案结构作精确排列。

总之,由于舞台空间面积的有限,"简而不单、繁而不乱"正是由作品内容的需要和舞台空间面积的一定矛盾而产生的。以少胜多也好,众多而洁净也好,它们并不仅仅是数量的感觉上的事,也是由思想感情和内容需要的因素来决定的。如果只认作是孩子数量上的排列和纯技术上的事,那就会失去基本的含义和有机联系,形成空间的刻板,当然就谈不上什么感觉了。

3. 平衡与对称

平衡和对称是我国传统舞台画面的美的观念。"平衡"规律使舞台稳定、规整,"对称"则使画面均势协调。一般来说,舞台上必须"平衡",因为不稳定的舞台画面给人以习惯上的不舒适的感觉。这种舞台上一边"沉"的状态,使人产生倾斜的感觉,同时也将造成演员的拥挤和舞台上显得空旷无力。对称和不对称对画面具有很大作用,对称赋予庄重、稳定的感觉。人相等的对称,它的舞台位置排列给人以平衡感,不对称则呈现活跃的感觉。

创作中我们幼儿舞蹈编导也应该遵循平衡与对称的原则来进行幼儿舞蹈舞台画面的位置排列,从而使我们幼儿舞蹈作品舞台稳定、规整、丰美、厚实。以舞台中心为轴心,逐渐四周扩散,自然地形成一种舒展平和的气氛,构成了各种庄重的画面,并且主次分明,队列清晰,颇有气派。许多成功的幼儿舞蹈画面,它们不仅继承和发展了传统的规律,而且丰富地吸取和借鉴了许多外国的处理方法,创造了不少新的优美画面,因此使幼儿舞蹈画面的变化更加绚丽多姿。

4. 对比

各种幼儿舞蹈画面,如果没有高与低、动与静、正与反、明与暗的种种对比,仍然会缺乏层次和厚度。运用"对比"这一必要的艺术手法,不仅能增强幼儿舞蹈画面的主体感,还能在特定情景中衬托出其中的主要部分,并对重点部分进行必要的突出,起到烘云托月、加强特色的作用。一般处理幼儿舞蹈画面中的主要和次要人物、正面和反面人物,大都是以此为主要手段,所以"对比"的艺术处理手法丰富了幼儿舞蹈画面的表现力,对分清主次、相互依托陪衬和对主要人物的集中描绘,都起到重要的作用。

二、幼儿舞蹈画面的结构变化

幼儿舞蹈画面不论有多么复杂,细致分析一下就知道它们是由一个或两三个基本图案结构而成的,方形、三角形、圆弧形、菱形、梯形、四边形等基本图案,同样地由于观众视觉习惯影响而形成了各自的概念。方形给人以稳定的感觉,三角形给人以力量之感,圆弧形则带着柔和流畅之感,菱形、梯形一般给人有开阔的概念。

(一) 介绍舞台空间的"九块方格式"

我们所谈的舞台空间,是指舞台上进行动作的,并为观众所看到的这块舞台的面积,这是具有艺术性质和美术意义的一块空间。不同的处理方法,就会造成不同的艺术效果。幼儿舞蹈构图的主要作用之一,就是要把所要突出角色的安排在舞台空间面积中最明显和引人注目的位置上。如图 4-118,舞台空间的"九块方格式",在幼儿舞蹈构图的设计中它的方格排列在客观存在和实际运用中是受一定制约的。按"九

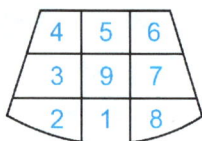

图 4-118　舞台空间示意

块方格式"方法,舞台上可分为 9 块,方块(1)是主要突出的中心位置。方块(2-3-4)是明朗有力的位置。方块(5-6)在力度上比以上四块方格稍弱些。而方块(7-8-9)一般是作为深远的、暗淡的位置出现,它的力度较之前 6 块方格都要弱。按"九块方格式"的方法,舞台的各块方格有它一定的感觉区别。它不是随意运用和放置的,但又不是一成不变的。它的变化是由画面的层次起伏、动作的速度、力度和音乐的感情变化而发生变化的。

综上所述,凡是优秀的幼儿舞蹈作品,它的舞蹈构图可以说都自始至终地有机贯串。舞蹈的移动线和幼儿舞蹈画面的变化过程是十分自如、流畅和均衡的,是在小观众的视觉和感情的不知不觉的自然起伏状态中来完成它的情景、节奏和气氛转换的艺术效果。因此,研究幼儿舞蹈构图的规律性的实际意义,就是为了更好地掌握幼儿舞蹈构图的艺术处理方法,强调努力向传统的、外国的和我们成功的优秀幼儿舞蹈作品学习,并且更需要向生活学习,向大自然学习,创造出更加精美的舞台构图。

(二) 幼儿舞蹈舞台方位及动作角度

以中心为交叉点,画个米字,面向观众的正前方为第一点,然后按照顺时针方向每向右旋转 45° 为一个点依次排列共 8 个点。他们分别是正前方、右斜前方、右侧方、右斜后方、正后方、左斜后方、左侧方、左斜前方,这是平面图米字型。而舞台是立体空间,上、中、下至少分 3 层,以及 6 个面(前、后、左、右、上、下)的环绕等。

(三) 幼儿舞蹈的队形画面

按照传统习惯,用得最多的就是一横排、两横排、四横排、八字、斜排、一个圈和双圈等。这是无数前人经验的总结,直到现在大家还在传承着,包括幼儿群舞的画面设计中也在用,当要展示整齐划一的动作时,往往要用上述简单队形。尤其是八字是两竖排的变型,因为观众都在前面呈扇形,八字对观众来说前后不遮挡。效果对称干净。

舞台上有许多不对称的画面,比如分组的,一组人多,一组人少,独舞或双人领舞在一边,群舞在其他区域等。打破对称可使画面新颖、活跃,但是要注意较长时间不均衡就不美观,在编排幼儿舞蹈中要慎用。

(四) 流动路线

路线是舞台上的运动路线,概括起来不外乎"直线""曲线""复合线"等。幼儿舞蹈舞台上最常见的直线很多。比如横线、斜线、竖线、折线等,根据具体需要具体采用。

我国传统审美习惯的运动路线是"均衡"、"匀称"。"均衡"构图会给观众留下不同的直感:圆形使人感

觉丰满;方形显得严肃;三角形介于两者之间,较灵活,易组成多种图形的小单位;弧形有纵深的感觉;纵队有逼近、压迫的感觉;横排平和;斜排远大。"8"字形距离无限;"龙摆尾"的队形,能显示人群由远而近、由少聚多的情景;几列直排的纵横交叉,能增加要渲染的某种气氛,由密集到扩散的队形,能造成一种占领空间的势头;大收大放、力不可挡的强烈气氛;忽前、忽后、忽左、忽右的连续调度,给人以动荡不安、瞬息万变之感,以及心潮起伏的幻觉等。幼儿舞蹈的构图不能孤立设计,必须和幼儿舞蹈动作、主题、场景、音乐、舞美结合起来。

　　总之,由幼儿动作和幼儿舞蹈队形变化所组成的空间变化称舞台调度,队形变化在舞台上多种多样,如横线、斜线、竖线、弧形、方块、三角、圆圈、菱形、包心菜、二龙吐须、辐射、会聚等。在调度构图中要讲究均衡、对称、中心平衡,不要失重。幼儿舞蹈队形画面要讲究流畅、合理、有序自然,都是为幼儿舞蹈作品的主题服务的。

三、常用的幼儿舞蹈调度图

　　编排幼儿舞蹈队形时应简单清晰,变换队形时要穿插合理、错落得当、疏密相间、变化有序。在幼儿舞蹈舞台实践中,我们经常看到的幼儿舞蹈队形有以下 3 种:

1. 线形(图 4-119)

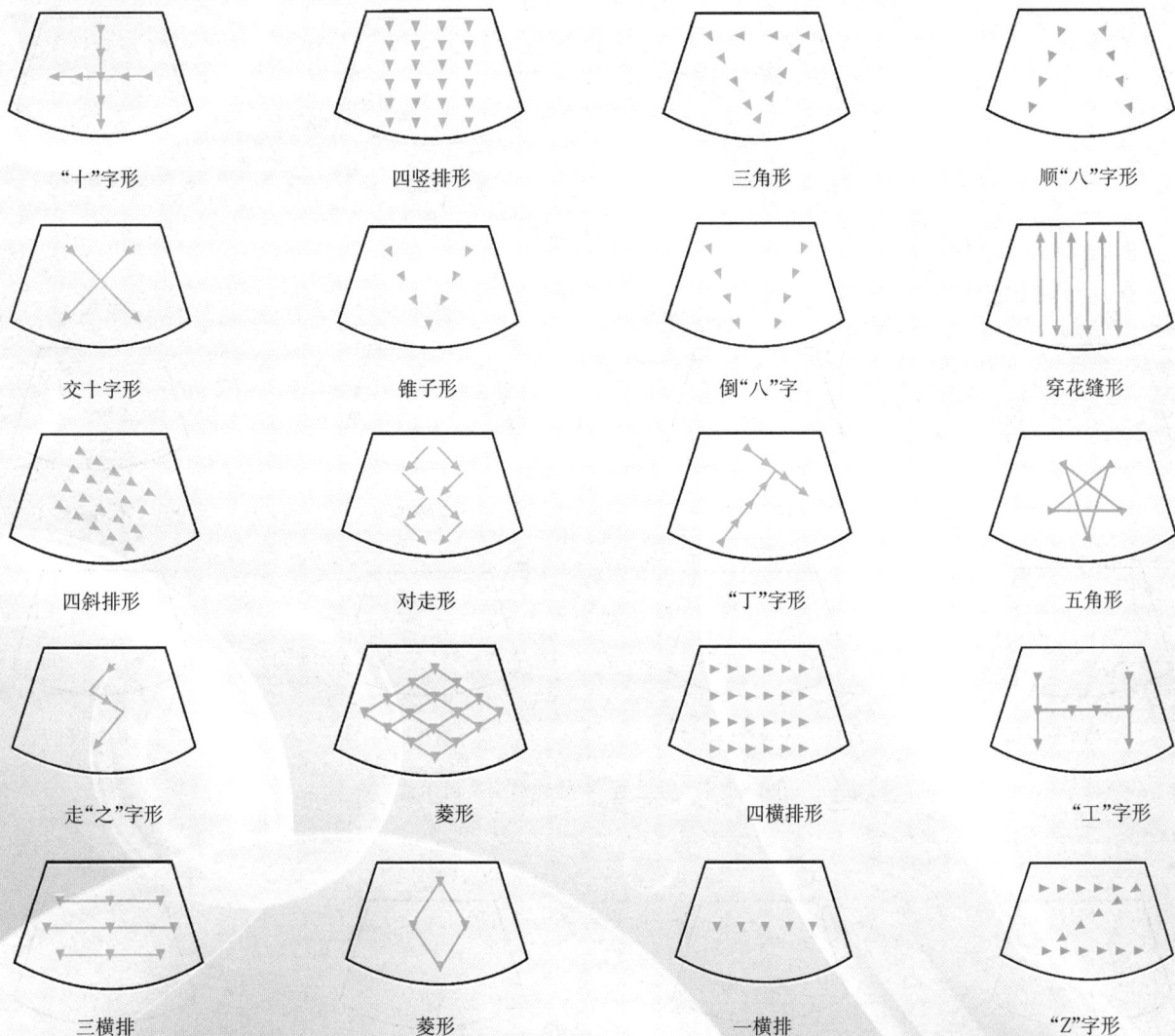

"十"字形	四竖排形	三角形	顺"八"字形
交十字形	锥子形	倒"八"字	穿花缝形
四斜排形	对走形	"丁"字形	五角形
走"之"字形	菱形	四横排形	"工"字形
三横排	菱形	一横排	"Z"字形

图 4-119　线形调度图示意

2. 弧形(图 4-120)

"S"字形	花蕊形	包心菜形	双圈形
五朵花形	单圆圈形	走弧线形	绕"八"字形
三羊开泰形	四角转形	"品"字形	插花形
双半圆形	蔓转形	梅花形	圆与弧形

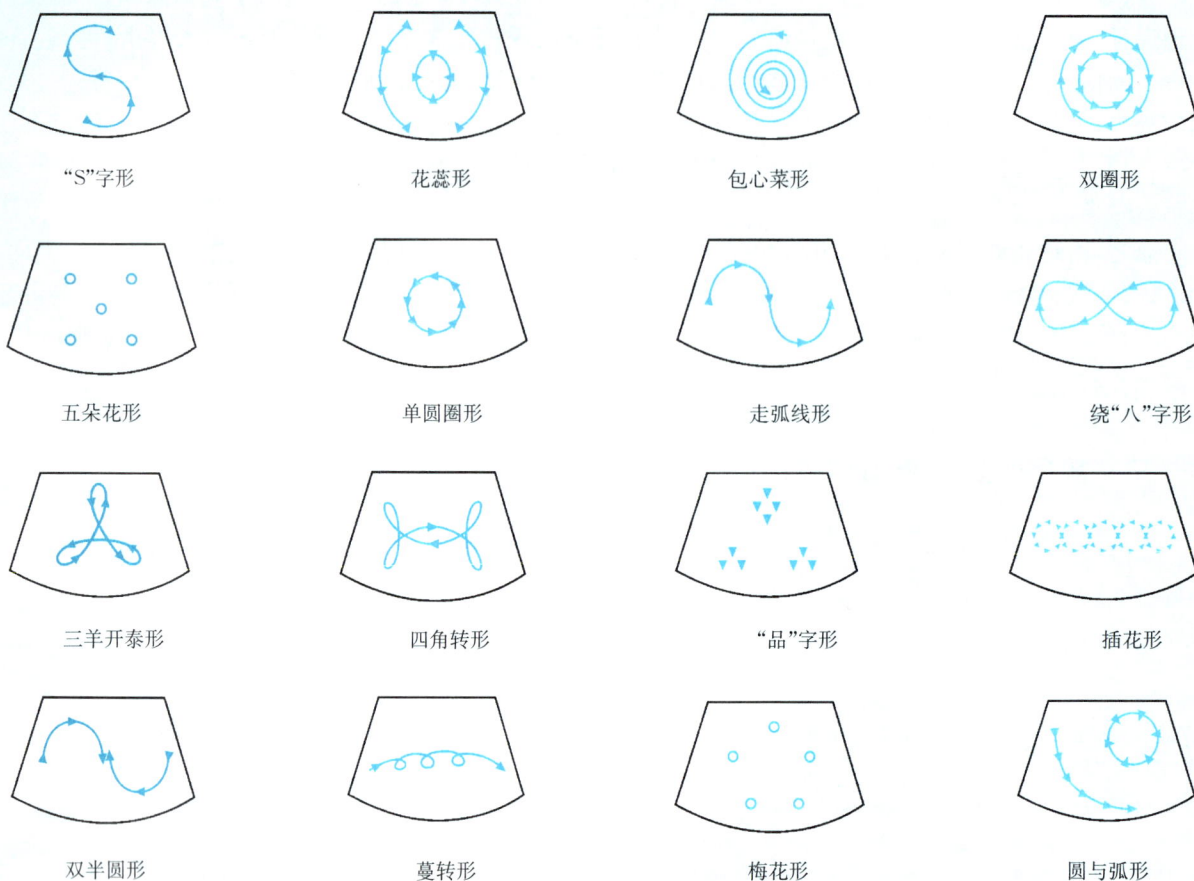

图 4-120 弧形调度图示意

3. 不规则、不对称形(图 4-121)

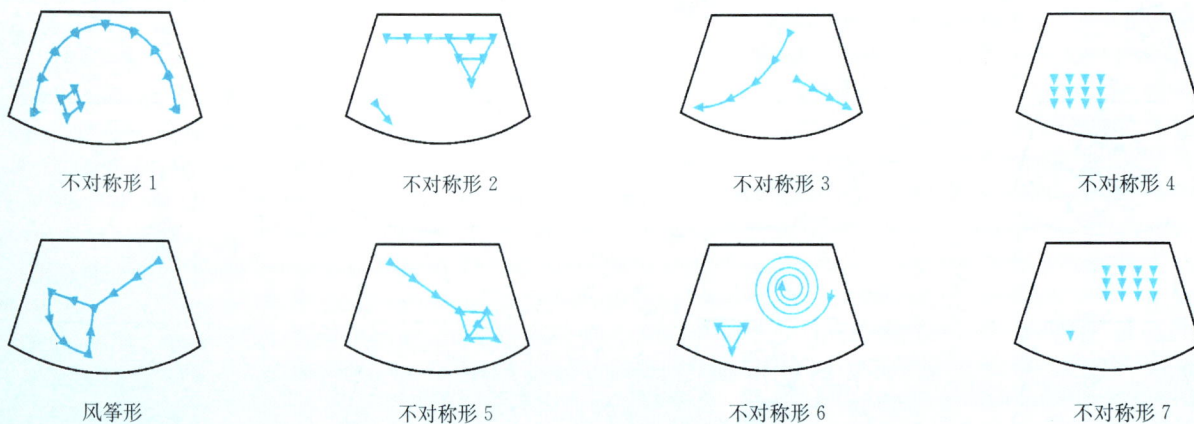

不对称形 1	不对称形 2	不对称形 3	不对称形 4
风筝形	不对称形 5	不对称形 6	不对称形 7

图 4-121 不规则、不对称形调度图示意

4. 复合型(图 4-122)

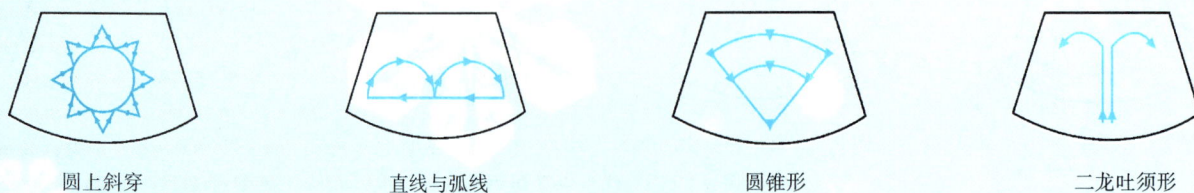

圆上斜穿	直线与弧线	圆锥形	二龙吐须形

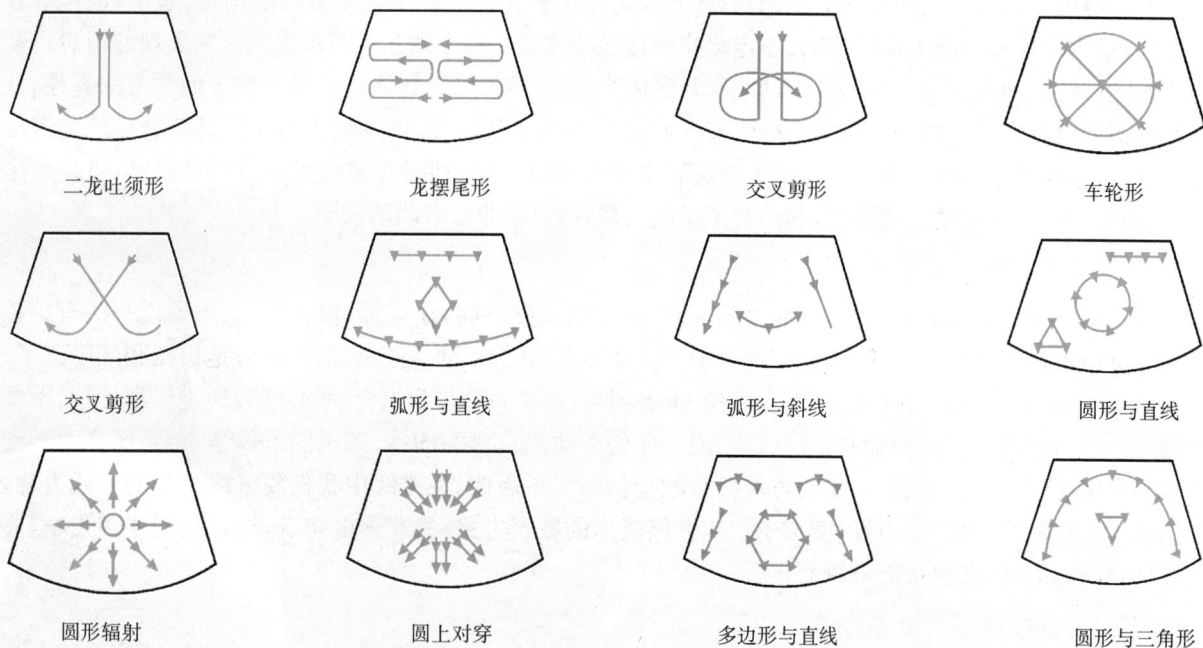

二龙吐须形	龙摆尾形	交叉剪形	车轮形
交叉剪形	弧形与直线	弧形与斜线	圆形与直线
圆形辐射	圆上对穿	多边形与直线	圆形与三角形

图4-122　复合型调度图示意

第三节　幼儿舞蹈编导编排方法提示

优秀的幼儿舞蹈是以童趣入手、带形、显情的,激发孩子们的情趣,让他们张开美的翅膀舞出孩子们的真情。当幼儿舞蹈作为美育手段时便充分发挥了这一功能,从而让孩子在舞蹈世界中体现出自我生命的璀璨绚丽。孩子们的生命成长历程一般都是由模仿开始的,从行走到跑跳、从语言的表达到表现自己的情感无不渗透着模仿的过程。就像我们在很多幼儿舞蹈作品中表现的那样,蝴蝶飞舞、企鹅摇摆、小鱼游动以及螃蟹爬行的形象,都是由生活原型升华而来的,都属于从模仿角度直接表述儿童特点的艺术典型。尤其是自然界的各类小动物,如熊猫宝宝、大红公鸡、美丽孔雀、大嘴青蛙等,都是他们模仿的对象,并从中寻觅欢乐。

一、怎样给幼儿排练舞蹈(以小班为例)

(一)排练时间要短

给幼儿园小班的孩子排舞蹈一定要注意时间要短,因为这个年龄段的孩子易受外界因素的影响,不管他们是学知识还是做其他的事情时间都不能太长,否则孩子们不仅学不到东西,而且还会打消学习的兴趣。有些编导只顾动作的完美,就不顾孩子们的身体承受能力和生理心理特点;有些编导为了赶排某个节目,就忽略了时间的长短,一味地学、跳等满堂灌的教学模式,不管孩子是否能够接受,是否愿意学习。这种不科学的幼儿舞蹈排练,不仅收不到应有的效果,反而减弱了孩子们学习的积极性,扼杀了孩子的思维、想象和创新能力。因此,我们在给小班幼儿排练节目时应切记时间不能太长,一般在半小时左右,他们在这个时间内能认真学习,起到事半功倍的效果。

(二)孩子对死板教学没有兴趣

小班幼儿年龄小,对老师上面教孩子下边学的死板教授方式根本接受不了,既学不会又没有兴趣。排练幼儿舞蹈要有一定的策略和科学的方法。我们要走下讲台来,用孩子们喜欢的、乐于接受的方式进行排练。幼儿天性好动,喜欢模仿,喜爱看舞蹈节目,更渴望参与表演,应该把幼儿舞蹈的内容讲给孩子们听。

根据各年龄段幼儿认知发展水平的不同特点,如果总结出比较适合孩子各年龄段的训练、表演、创编等教学方法,逐步实现教学的主动性,那么一定会收到良好的效果。每个幼儿舞蹈作品都有它表现的内容。在幼儿舞蹈排练之前要像讲故事一样把幼儿舞蹈的内容告诉给孩子们,这不仅会提高孩子们学习的兴趣,还能促进他们对某个幼儿舞蹈动作的掌握。如我们在排练《小红马》时,告诉孩子们他们是骑着小红马奔驰在草原上,手里扬着鞭子可神气了,孩子们听后高兴得手舞足蹈,别提有多高兴,并且争先恐后要跳这个舞,因为他们已经了解幼儿舞蹈的内容,有了学的兴趣,所以就非常有跳的欲望。

(三) 排练中多以鼓励、表扬为主

幼儿的感情比较脆弱,心理承受能力差,接受动作的程度不同,在排练过程中切记不要说一些有损孩子身心健康的话。在学习新动作时,有的孩子一时学不会,我们不要急于求成,要耐心地讲授和鼓励孩子。把动作分解到最小单位,由简到繁、由浅入深、由易到难,由单一动作到组合,耐心细致地讲解和传授,不要有急躁情绪。排练中如果教师有急躁情绪,说一些伤害幼儿自尊心的话,孩子们不仅学不会,还会对学幼儿舞蹈产生恐惧感和厌恶感,严重的可能会影响他们一生。因此,在排练中我们要采取科学的方式方法,多鼓励、多表扬、多启发、多引导,使孩子们能够接受你的教授方式,喜欢你的排练,这样他们才会爱学,才会和你很好地合作,使排练能够顺利进行。

(四) 排练中使用的道具要制作精细

由于幼儿的身体和手臂比较短小,我们在幼儿舞蹈创作中往往利用道具进行编舞,这也是幼儿园小班舞蹈创作中常见的不可缺少的方法,幼儿舞蹈道具是对幼儿肢体的一种衬托,是他们手臂的延长线。对于孩子们来说,有了道具会更加增添他们对舞蹈的兴趣,同时也能给舞蹈增添美的色彩,所以从一开始排练就要准备好道具。道具的制作虽不像演出时用的那样好,但也要精细一些,一定要根据孩子的身体能力和身高等来精确设计,笨重的道具会影响孩子们的排练。如《花朵花朵》《我爱娃娃》《挂红灯》《梦香瓜趣》《石榴花开》《猫和老鼠》等幼儿舞蹈的道具就十分讲究,编导在设计中注意到了这一点,因此幼儿舞蹈作品不仅好看,而且十分受孩子们的欢迎,演出效果也很成功。

二、怎样启发幼儿进入你的创作

孩子们自出生之时起,一听到音乐就有感觉,到了3个月听到音乐就会手舞足蹈,自发、本能地"自由创作舞蹈"。1岁以后,他们可以模仿电视里的阿姨跳舞,可以根据音乐的风格、节奏自由自在地舞蹈。这些事实都证明:幼儿是具有天生的舞蹈创作的能力的。我们对幼儿舞蹈创作的目标不应定为创作出一个完整的、优美的舞蹈,而是应该通过舞蹈创编活动培养幼儿身体动作感受力和音乐表现力,同时发展幼儿的观察力、注意力、思维力、想象力,培养和塑造个性、才能和创造性,陶冶幼儿性格和品德。鉴于幼儿的特点和现有水平,我们从以下3个方面对幼儿进行了适当地启发和引导,使幼儿的舞蹈创作水平得到较明显的提高。

(一) 音乐激发幼儿创作兴趣

兴趣是产生学习动机的重要心理因素,它推动幼儿积极探索舞蹈的魅力,是孩子对舞蹈艺术的一种特殊的态度,是对学习舞蹈的一种积极的认识倾向和情绪状态。兴趣是学习的动力,也是幼儿主动探索生活的前提。幼儿音乐是幼儿舞蹈的灵魂,幼儿音乐和幼儿舞蹈是一种相互表现、促进的统一体。孩子们非常喜欢音乐,音乐能带给他们愉快、美好的情感体验。不断地给幼儿提供适宜的音乐刺激,能够激发起幼儿的舞蹈热情,他们会自发地在音乐声中全身心投入到舞蹈表演。久而久之,随着音乐,他们能够大胆地表现自我,并逐渐培养出喜欢参与舞蹈创作活动的习惯,孩子的舞蹈天赋、创作潜能才能得以充分的发挥。具体方法如下。

(1) 将音乐渗透在幼儿排练之中。用幼儿舞蹈作品音乐激发孩子们的舞蹈创作兴趣,排练前在排练室里播放一些轻声悦耳的幼儿舞蹈作品音乐,使幼儿进入幼儿舞蹈作品音乐的意境中去。陶冶幼儿情操,激发孩子学习舞蹈的兴趣和创作欲望,加深幼儿对舞蹈作品音乐的体验和理解,拉近幼儿舞蹈作品音乐与幼儿的距离,让音乐走进孩子们的精神世界。

（2）为幼儿创设音乐表演的环境。我们在排练厅放置不同的头饰、彩带、扇子、花伞等适合幼儿年龄特点的道具。播放不同风格的幼儿舞蹈作品音乐，让幼儿体会在音乐的伴奏下，有节奏地进行舞蹈活动的乐趣，激发幼儿的创作兴趣。让幼儿在想象中自如地根据音乐的节奏变化用身体即兴舞蹈，反映音乐的性质、情绪等。如欢快的音乐，幼儿会运用活泼可爱的动作表现；如优美的音乐，他们会自然地用优美的动作姿态来表现。通过让孩子们充分体会幼儿舞蹈活动的乐趣，进一步激发幼儿舞蹈创作的兴趣。

（二）用情感促进幼儿的创作激情

情感是幼儿舞蹈创作的催化剂，在排练幼儿舞蹈时引导孩子们以情动人，用情绪去体验真实的思想感情，焕发幼儿高尚的情感激荡、思维起伏，逐步地感受到幼儿舞蹈作品美、欣赏美、表现美、创造美，在幼儿舞蹈创作活动中抓住富有童心童趣的幼儿舞蹈特征，去探索幼儿的真实情感，激发孩子们的创作热情。

（1）用丰富的情感导入幼儿舞蹈创作。在幼儿舞蹈创作中，教师的真情实感能够强烈地感染幼儿，激发幼儿的创作热情。教师必须与幼儿建立平等、和谐的师生关系，在轻松、愉快的氛围中才能促发幼儿的创作热情。教师在引导幼儿创作的过程中，要把自己的年龄放到同孩子年龄一样，要用充满激情的眼神、动作、表情去感染幼儿。例如，在创编舞蹈《洋娃娃》活动中，教师首先要把自己变成一个可爱的洋娃娃。滑稽的舞步、调皮的眼神、淘气的哭闹都要表现的惟妙惟肖，让幼儿身临其境地感觉到自己来到了一群活泼可爱的洋娃娃中间，不知不觉地把自己也变成了一个顽皮的洋娃娃。洋娃娃的动作、表情也就自然而然地表现出来了。

（2）学会让幼儿理解和表达舞蹈情感。在平时的幼儿舞蹈创作教学中，要深入研究和分析创编幼儿舞蹈的歌曲和音乐，让幼儿领会每一首歌曲和音乐中表达的情感内容，要求幼儿在舞蹈创作中融入这些情感。例如，在创编《我的好妈妈》这首歌曲的舞蹈时，要根据歌词内容，并从妈妈的眼神中、妈妈的动作中分析出其中所表达的妈妈的温柔、和蔼可亲和孩子对妈妈的热爱、尊敬、眷恋等情感。为了强化这几种情感的表达，就要求幼儿在演唱歌曲时先用眼神、表情去表达妈妈和孩子之间的情感，再进行想象和创编。这样不仅让幼儿体会到歌曲的感染力，而且让他们更能领会到音乐带给他们的情感。幼儿有了这样情感的体验，创编出的舞蹈才更具有生命力。

（3）注重用丰富的生活经验充实孩子的创作内容。幼儿缺乏对周围生活的仔细观察，教师即使有很好的创作方法和策略作引导，幼儿也很难有"高超"的创造表现。因此，教师除了教给幼儿必要的创作方法和策略以外，还要鼓励幼儿仔细地观察生活，养成不断主动积累丰富多彩的生活的习惯。幼儿了解事物的独特细节越多，他令人惊讶的舞蹈创意也就越多。例如，在组织幼儿创编舞蹈《森林音乐会》之前，我们就先带领幼儿去动物园观察各种可爱的小动物，然后教师引导幼儿想象："小动物高兴的时候，他们会怎么样呢？请你们用小动物的动作表现出来。"因为孩子们仔细观察过小动物，所以幼儿创编的细节动作就很有特色。"有的小动物在唱歌，有的小动物在摇尾巴，有的小动物在转圆圈，有的小动物在跳高高。"这些创作内容都来自于他们对小动物的观察经验。教师继续引导幼儿做进一步想象："小动物看到森林里的花，会在花丛中干什么呢？"小朋友会迁移已有的生活经验，作出与众不同的创编，"有的在闻花香，有的在花丛钻来钻去，有的在给花照相，还有的在轻轻地摸着美丽的花瓣。"你们看孩子们的舞蹈创作多么精彩和真实。由此可见生活经验是幼儿舞蹈创作不竭的源泉，因此我们常常引导幼儿观察周围世界，如花的笑脸、树的姿态、小动物的动作等，幼儿有了丰富多彩的生活经验，舞蹈创作的素材才会丰富多彩。

在幼儿舞蹈创造活动中，我们不能要求幼儿立刻把舞蹈作品创作得完美无瑕，幼儿在探索、创作过程中的东西必定是稚拙的、带有孩子气的，那才是幼儿自己的东西，这时教师的作用在于观察倾听幼儿的言行，然后加以点拨，使幼儿在学舞的过程中，在老师的启发引导下去思索、想象、创造。

（三）排练中禁止滥用技术技巧

技术技巧是创作成人舞蹈的重要表现手段。"技"是舞蹈具体的能力体现，就是技术、技能、技巧。但这在幼儿舞蹈创作中是不允许的，一些幼儿舞蹈编导为了表现自己的所选题材，设计的动作不符合幼儿舞蹈特点，特别是滥用技术技巧，如侧手翻、大跳、前脸、前、后桥、下大腰等更是有成人化的趋势。多年来，幼儿歌舞界常说幼儿歌舞艺术创作要克服和避免"成人化"倾向，是因为"成人化"就是缺乏幼儿艺术创作的真实感，那些动作根本不是这个年龄段能完成的，根本不符合舞蹈科学训练原则和规律，也不符合孩子生理、心理、身体的特点，更不能让孩子的身体承受，影响孩子的身心健康发育，甚至造成终身遗憾和伤痕。除此之外，滥用技术技巧也会使观众觉得不可信、不好看，缺乏幼儿艺术的美学理念和生理心理特点。对于幼儿舞蹈作品来说，那些成人的技巧与表现主题无关，坚决禁止滥用。

三、怎样引导幼儿想象完善作品

（一）幼儿想象发展的特点

孩子在生活和学习中做游戏，想象往往活跃地表现出来。例如，有的幼儿腰间束根皮带，头上戴顶帽子，手中拿把玩具枪，就认为自己是解放军了；接着把帽子一歪，就说自己是"坏蛋兵"了。如果双手抱上布娃娃，就想象自己是妈妈爸爸了，纯真得令人啼笑皆非，但幼儿毕竟生活经验较少，记忆表象不够丰富，又受到思维水平限制，因而想象内容简单贫乏，他们的想象常常是过去经验的复制品，想象过程也缺乏有意性和独创性。孩子的无意想象占重要地位，有意想象初步发展，小班幼儿表现得尤其突出。幼儿期想象发展的主要特点表现在以下 3 个方面。

（1）想象的目的性不明确。幼儿想象的产生常是由外界刺激物直接引起，想象不指向于一定目的，仅以想象的过程为满足。小班幼儿无论在游戏、绘画还是做泥工等活动前，不知道自己将要创造出什么形象，他们只是在行动中任意摆弄物体，或画出线条图形，而且随时自发地改变物体的状态或改画其他图形。当物体有了实际的变化或看到自己画出的图形时，才引起幼儿头脑中出现新形象。例如，在活动之前问小班幼儿："你想玩什么？""你想画什么？"他总是望着你直摇头。如果你在他面前拿出一个听诊器，他就讲"我要做医生"。如果看到周围小朋友在画气球，他就讲"我要画气球"。当你交给他一团泥，问他想做什么，他只知道接过泥高兴地玩起来，而不知道怎么回答，直到搓成个长条或扁圆体时，才会大声地叫喊起来："面条！""饼子！"要他们想好玩什么再取玩具，想好画什么再动手作画是极困难的。小班幼儿事先无一定的想象目的，他们以想象过程为满足，对有兴趣的内容反复进行想象。

（2）想象的主题不稳定。排练中，在教师正确的引导下先提出一定的目的，让幼儿去想象，激发孩子创新热情。排练中常常可以看到，孩子们由于体力等原因，往往不能为达到预定的目的而坚持行动，常常受外界因素的影响而改变主题。例如，幼儿正在用积木建造"大桥"，忽然看到别的孩子拿了一些塑料小动物来，他便想象起动物园，而想玩"动物园"的游戏，于是立即推倒"大桥"的建筑，搭起"动物园"来。幼儿也受本身因素的影响而改变想象的主题。例如，幼儿愿意当"医生"，所以玩"医院"游戏时，忽而又想当"老师"，于是改变主题，而改当"老师"。所以说，角色不稳定影响主题不稳定。这时教师必须把他们吸引到预期的轨道上来，引导他们进入幼儿舞蹈作品的主题中去，围绕着规定的作品主题去思维，去想象，去创作。

（3）想象常受情绪和兴趣的影响。在排练中，幼儿的情绪常常受到某种影响改变想象的方向。例如，一个小朋友想象了一组小红花动作，很高兴，要求教师来看，适逢教师接听电话，老师没有及时去看他的动作，顿时这个小朋友洋洋得意的情绪受到了影响，很不高兴；过了一会儿，等教师走到他跟前，当教师询问他时，他会冷冷地说："我忘记了，不会做了。"由于老师的疏忽，孩子的兴趣就会受到打击。

（二）创作中再造想象占主要地位

在幼儿期，再造想象占主要地位，表现为想象在很大程度上具有复制性和模仿性。想象的内容基本上重现一些生活中的经验或作品中所描述的情节。随着幼儿言语的发展和抽象概括能力的提高，在幼儿的再造想象中，出现了一些创造性的因素。例如，在给幼儿排练集体舞《小星星》中启发幼儿展开想象，编导把自己想象到了太空中与小星星交朋友，小星星握手的动作、小星星闪烁时的动作、跟小星星玩捉迷藏等情节引导孩子们去想象和发展动作，并且把动作变化延伸成舞句、舞段。让孩子们参与到你的创作之中去体会乐趣。在良好的教育和训练下，幼儿的想象可以发展到较高的水平，表现出明显的创造性。

（三）怎样提高幼儿的想象能力

（1）幼儿舞蹈编导要丰富幼儿舞蹈排练的知识经验。组织幼儿参加各种实践活动，学习文艺作品，使幼儿通过各种渠道积累起丰富的表象和语言材料。

（2）通过幼儿舞蹈创作的各种教学活动,有目的地引导幼儿进行思维想象,锻炼他们的想象能力。

（3）从幼儿原有水平出发,逐步提高要求,促进想象的发展。例如,对小班幼儿要多提供具体的玩具实物等,以引起他们的想象。对中班、大班幼儿,教师可多用语词描述等启发他们的想象,并创造机会鼓励幼儿用语言来表达自己的想象,从而促使想象逐步向前发展。

本章习题

1. 简述创作幼儿舞蹈创作方法对比的发展变化。
2. 简述幼儿舞蹈创作方法模仿与想象。
3. 简述创作幼儿舞蹈创作方法舞步的发展变化。
4. 简述创作幼儿舞蹈创作方法重复的发展变化。
5. 简述创作幼儿舞蹈创作方法垂直空间的发展变化。
6. 简述创作幼儿舞蹈创作方法时间的发展变化。
7. 简述幼儿舞蹈创作方法动机-舞句-舞段的过程。
8. 怎样给幼儿排练幼儿舞蹈?
9. 怎样启发幼儿进入你的创作?
10. 怎样引导幼儿想象完善作品?
11. 怎样启发幼儿表现作品?
12. 利用你学到的幼儿舞蹈创作的方法,尝试编排一个2分钟小幼儿舞蹈。

第五章

全国大赛优秀幼儿舞蹈作品鉴赏

　　幼儿舞蹈鉴赏是幼儿社会生活和幼儿舞蹈教学中最具有普及意义、是研究幼儿舞蹈欣赏、幼儿舞蹈评论和幼儿舞蹈作品如何取得和加强其社会效果的一门科学。幼儿舞蹈的鉴赏,既有欣赏的一般性质,又有其特殊性。这种特殊性是由欣赏对象与欣赏主体的特殊性决定的。就欣赏对象而言,幼儿舞蹈在内容、形式和创作方法上与其他艺术形式有许多不同之处,其核心在于适合幼儿年龄特点和"幼儿情趣"的追求上。就欣赏主体而言,幼儿生理、心理的特点决定了他们欣赏过程中有着特殊的情感活动和认识规律。

　　幼儿舞蹈鉴赏是对幼儿舞蹈作品创作和演出所作出的具体的评价活动。它的研究对象应以当代幼儿舞蹈艺术实践为重点,但是每个时代的幼儿舞蹈鉴赏都受那个时代幼儿舞蹈编导的社会生活观和幼儿舞蹈审美趣味的制约,因此幼儿舞蹈鉴赏活动又必然以一定的幼儿生理、心理为基础,对幼儿舞蹈作品进行具体的幼儿思想和幼儿艺术分析,作出客观的评价,指出成就与不足,从而提高小观众和幼儿舞蹈编导的幼儿舞蹈艺术欣赏和鉴别能力,并反映出小观众的要求和呼声,使幼儿舞蹈编导了解小观众的爱与憎、好与恶,推动幼儿舞蹈写作与批评的发展,追求客观的演出效果,对幼儿舞蹈艺术实践产生积极的影响。

　　幼儿舞蹈鉴赏是对幼儿舞蹈艺术作品形式美以及构成美的方式、技法的领悟和剖析。通过幼儿舞蹈鉴赏,让孩子们直接感受到幼儿舞蹈逼真的形象,体验到童心童趣,欣赏到美,享受到美,通过幼儿舞蹈这扇门窗开阔孩子们的视野,促进孩子们健康成长。对于幼儿舞蹈编导和幼儿舞蹈教育者而言,其意义在于提高其幼儿舞蹈艺术鉴赏力,为幼儿表演和创作寻找目标,引导小观众感受和体验幼儿舞蹈是一种直观的精神活动、审美活动。

　　总之,幼儿舞蹈鉴赏是幼儿舞蹈工作者和广大小观众之间的桥梁,是发展和繁荣幼儿舞蹈创作的重要环节,是促进幼儿舞蹈表演素质提高、推动幼儿舞蹈艺术事业发展的必要途径。没有幼儿舞蹈鉴赏就不可能有幼儿舞蹈批评,欣赏是批评的基础,批评不可能脱离欣赏而独立存在,在坚实的基础上才能像建筑风格各异的楼房一样,正确、科学的幼儿舞蹈鉴赏对孩子们具有教育和促进作用,有利于小观众发展健康高尚的审美情趣,同时有利于增强幼儿舞蹈编导创作的自觉性,提高幼儿舞蹈鉴赏能力,更新幼儿舞蹈创作观点,全方位提升幼儿舞蹈创作水平。当然,幼儿舞蹈作品鉴赏的学习也是为幼儿舞蹈编导初学者走向创作道路做好铺垫的。

第一节　曹尔瑞幼儿舞蹈作品赏析

一、舞蹈编导曹尔瑞简介

　　曹尔瑞,女,原开封第一师范学校舞蹈高级讲师,现任中国儿童舞蹈艺术委员会委员、中国儿童歌舞学会理事,代表作品有《小蚂蚁》《大书包》《下雪了,真滑》《小蜜蜂》《我爱足球》《幼儿盘鼓舞》《宝宝会走了》《我可喜欢你》等。

二、幼儿舞蹈作品《下雪了,真滑》

(一)作品概括

- 舞蹈形式:26 名幼儿集体表演舞蹈。
- 舞蹈编导:曹尔瑞。
- 音乐作者:洪斌。
- 舞蹈表演单位:河南省开封蓓蕾少儿艺术学校。
- 舞蹈首演:2007 年第四届"小荷风采"全国少儿舞蹈大赛。
- 舞蹈获奖介绍(图 5-1):①2007 年获得第四届"小荷风采"全国少儿舞蹈大赛金奖;②2007 年获

图 5-1　幼儿舞蹈《下雪了,真滑》,舞蹈编导:曹尔瑞

得中国广电学会等组织的"阿法贝"杯"校园文化周"中获金奖第一名;③2007年获得文化部第十四届群星奖大奖;④2010年获得教育部第三届中小学艺术展演金奖;⑤2011年获得第六届CCTV舞蹈大赛铜奖。

(二)内容简介

下雪了,在孩子们眼里,这一切是那么美妙,小手举着在雪地奔跑跳跃、嬉戏耍闹,用手从地上捧起一捧雪,跑着跑着倏地滑倒了,在雪地上打个滚,爬起来变着花样地滑。这部作品以其充满童趣的风格和孩子们生动活泼、憨态可掬的表演,形象而逼真地表现了孩子的天真、可爱的性格以及在雪地里玩耍的喜悦心情。

(三)作品赏析

下雪了,大人走路总是小心翼翼,唯恐摔倒,而在孩子们眼里,这一切是那么美妙。小手举着在雪地奔跑跳跃、嬉戏耍闹,用手从地上捧起一捧雪,跑着跑着倏地滑倒了,在雪地上打个滚,爬起来变着花样地滑……这一切都是孩子们的天性,在生活中我们偶尔也会看到这样别有情趣的滑雪场景,在幼儿舞蹈作品中表现下雪题材的也不少见,而《下雪了,真滑》却以独特的视角和写实的手法,全然摒弃了一般的幼儿舞蹈在雪中打雪仗、堆雪人、扫积雪等常见格式,潜心挖掘出新的幼儿舞蹈语汇。舞蹈编导以"乐"为辐射点,以"滑"为动机,如单腿屈膝仰身滑倒、滑地顺势翻身、下叉蜷坐滑转、乌龙绞柱抱腿滑转以及姿态各异的拉雪橇式滑雪等,难度越来越高的"滑"使得这种欢喜奇趣之"乐"得以进一步发展。孩子们"滑"得别致、"滑"得开心、"滑"得尽兴,而作品在创作上并没有玩弄复杂的技巧,舞蹈语汇清新自然,舞蹈音乐旋律恬美亲切,舞蹈编导细心观察,认真捕捉,"童心、童趣"自然而然地流露出来,这无疑来自对生活感受的深度,对生活挖掘的深度,对生活理解的深度。

《下雪了,真滑》的舞台调度以流动为主,随着小朋友叫喊着"下雪了",孩子们欢快地跑出来,在舞蹈中群组形式的跑动占了很大的比重,抓住若干个孩子滑雪的典型场景,如孩子们举着小手在雪地里来回地跑动,捧着雪花跑来了,拍着屁股跑走了,其中一个小孩子跑着跑着滑倒了,接着孩子们争相跑着滑倒,一拨接一拨,还有更好玩的拉雪橇式滑雪呢……舞蹈编导选用了将滑雪的典型场景以群组形式的接力和穿插舞段来表现,灵活自由,变化有序,使得内容更充实,节奏更明快,情感更细腻,主题更突出,将天真纯朴的孩子之心一目了然地展现在观众眼前,使观众仿佛身临其境,恰似一幅幅生动鲜活的画面自然地流动,渲染强化了《下雪了,真滑》的玩中取乐,乐中有趣。

目前很多幼儿舞蹈作品为了舞得充分,舞得痛快,收尾之处拖泥带水,往往因过于繁琐而失去它应有的光彩,因此我们不能奢望兴奋点始终在延续,经历了兴奋的浪潮后观众也会产生视觉的疲劳。《下雪了,真滑》的独到之处也在于其依据孩子的身体承受能力和观众的观赏注意力,收尾做得干净利落,用舞蹈当中多次出现的"一个小孩子跑着跑着滑倒了,接着孩子们争相跑着滑倒"来收尾,"pia"的一声后博得了满场喝彩。虽然短小,但是精干,并且与主题相呼应,让观赏者感到心满意足。就创作规律来讲,收尾简短比繁琐艰难得多,因为简短总是与精巧相依相存,因此,简短的收尾并不简单,需要幼儿舞蹈编导花费很多心思,力求收尾之处与观众的兴奋点步调一致。

三、幼儿舞蹈《宝宝会走了》

(一)作品概括

- 舞蹈形式:20名幼儿集体表演舞蹈。
- 舞蹈编导:曹尔瑞。
- 音乐剪辑:曹尔瑞,吴振邦。
- 舞蹈表演单位:河南省开封蓓蕾少儿艺术学校。
- 舞蹈首演:2009年第五届"小荷风采"全国少儿舞蹈展演。
- 舞蹈获奖介绍(图5-2):①2009年获得第五届"小荷风采"全国少儿舞蹈展演金奖;②2009年获

得第五届 CCTV 舞蹈大赛银奖、优秀创作奖;③ 2010 年获得文化部第十五届"群星奖"。

图 5-2　幼儿舞蹈《宝宝会走了》,舞蹈编导:曹尔瑞

(二) 内容简介

《宝宝会走了》是孩子学步的真实写照,宝宝在学步中摔倒,哭闹过后是一次又一次地坚强爬起,使我们仿佛感受到坚持不懈学走路的宝宝在擦鼻涕时的坚强。孩子们憨态可掬的面部表情,夸张的肢体动作,再配上带有宝宝稚嫩话语的音乐,蹒跚学步的情景便跃然于台上。

(三) 作品赏析

在幼儿舞蹈具体的创作实践中,绝大部分舞蹈编导的视野会局限在学龄层面的幼儿生活,极少涉及婴幼儿层面,《宝宝会走了》正是大胆地问津了低龄幼儿的生活。宝宝学会走路是成长中很重要的具有里程碑意义的事情,开启了宝宝自我意识成长的新阶段,并向独立自主的个体不断迈进。他们会以一个崭新的方式来认识自己和周围世界,感觉到独立的自由和兴奋,同时这种新鲜的感觉也让他们充满自信,爸爸妈妈更会为此感到骄傲。编导也正是看到自己孙子蹒跚学步时的憨态迸发了灵感,以其敏锐的观察力捕捉到宝宝学步的每个细节,并依据低龄幼儿群体的生理特征、体能特征和思维特征进行创作。作品的选材、构思和表现独特而新颖,也无怪乎著名舞蹈编导张继刚看过之后这样评论"这鲜见的'低幼题材'的美妙舞蹈是人类作为一个直立的生命状态最生动的展现,也让天下父母想到面对挫折跌倒爬起的人生预演"。这种有先导性的创作实践,无疑对推进多层面幼儿舞蹈创作具有一定的启示性,多层面地反映幼儿生活,全景式地展示幼儿情趣,将会成为幼儿舞蹈编导新的挑战。

这个作品并没有复杂的动作、高超的技艺,却掀起了场内外观众的阵阵高潮。到底是什么让它如此夺目? 是孩子们憨态可掬的表情? 夸张的肢体动作? 还是……? 究其原因还在于编导牢牢地把握住了幼儿的心理、感情、思想,也就是所谓的"童心"和"童趣"。童心以纤尘不染的纯真为妙,童趣以无意为之的惊喜成趣。伴随着"三翻翻,六坐坐,七爬爬,小宝宝小宝宝会走了……"的稚嫩话语和小宝宝充满童趣的笑声,一群天真无邪的孩子出现在舞台中间,孩子们夸张的面部表情就已经让我们感受到孩子们毫不修饰的情感。《宝宝会走了》是孩子学步的真实写照,特定年龄段特有的趣味,憨态可掬的面部表情,夸张的肢体动作,再配上带有宝宝稚嫩话语的音乐,蹒跚学步中体现的童心童趣便跃然于台上,成就了一种不可复制的童真之美。宝宝在学步中摔倒,哭闹过后是一次又一次的坚强爬起,使我们仿佛感受到坚持不懈学走路的宝宝在擦鼻涕时的坚强,同时富有童趣的虎头帽、板凳裤和虎头鞋,也是为作品的情绪表现增添了一道亮丽的色彩。舞蹈编导在这部作品中并没有笨拙地选择群舞作品千篇一律的"整齐划一",而是用错落有致的形式体现了生活的真实,真正地体现了童心和童趣,这正是幼儿舞蹈区别于成人舞蹈最根本的支撑点和最独特的艺术魅力。

这部作品还有一处很特别的亮点:宝宝在学步时一次次的摔倒,哭闹过后又一次次的坚强爬起,又一次次的摔倒,当自己感到挫败的时候,耳边传来了妈妈的呼唤"宝宝,来呀……",那一声妈妈疼爱的鼓励,叫到了每位观众的心坎上。《宝宝会走了》从外在的舞蹈形态而言只是宝宝学步的经历,但却映射出更为深刻的人生寓意,在漫漫人生路途中,我们会遇到重重的挫折和困难,但是我们拥有坚强的毅力,亲情的温暖,朋友的帮扶,就会让我们有勇气去面对去克服。作品不但在幼儿舞蹈表演上抓住了评委和观众的眼球,内在的寓意也得到了观众的共鸣。用幼儿舞蹈语汇表现的蹒跚学步充满了童真童趣,不但符合幼儿的生理和心理观念,同时还有在人生路途的坎坷中坚强面对的寓意。

注重艺术个性,注重幼儿情愫,注重思想意蕴,是曹尔瑞老师创作《宝宝会走了》的显著特点,这也是构筑高品位幼儿舞蹈不可或缺的重要因素,对整个幼儿舞蹈艺术创作的进一步发展提供了积极有益的启示,我们也怀着敬仰之情,期待曹尔瑞老师创作更多精品幼儿舞蹈,期待冲向中国顶级舞台的蓓蕾幼儿舞蹈迈向更大的世界舞台。

四、幼儿舞蹈《小蚂蚁》

(一)作品概括

- 舞蹈形式:16 名幼儿集体表演舞蹈。
- 舞蹈编导:曹尔瑞。
- 音乐剪辑:曹尔瑞,吴振邦。
- 舞蹈表演单位:河南省开封蓓蕾少儿艺术学校。
- 舞蹈首演:全国第四届"雅士利杯"少儿舞大赛表演。
- 舞蹈获奖介绍(图 5-3):①2002 年获得全国第四届"雅士利杯"少儿舞大赛表演"金奖"、"创作金奖"、"服装设计奖";②2002 年获得河南省首届舞蹈大赛金奖;③2004 年获得全国首届"红舞鞋杯校园舞蹈大赛"金奖;④2005 年获得第三届"小荷风采"全国少儿舞蹈展演金奖;⑤2011 年第三届 CCTV 舞蹈大赛颁奖晚会。

图 5-3 幼儿舞蹈《小蚂蚁》,舞蹈编导:曹尔瑞

(二)内容简介

随着快乐的音乐节拍,一群超级可爱的小蚂蚁一字队形爬了出来,后面孩子的小手搭着前面孩子的小腿,甩动着高高的马尾辫,挺着小胸脯,撅着小屁股,灵活神气地登场了。整个幼儿舞蹈将小蚂蚁搬家、筑巢、存粮、嬉戏表现得妙趣横生,体现了小蚂蚁团结互助、勤劳向上的快乐生活。

(三)作品赏析

把握好幼儿舞蹈的出场对确立作品的第一印象是至关重要的,有见地的舞蹈编导从来都不轻易定夺。我们来看《小蚂蚁》的开笔,简短的"蚂蚁蚂蚁住在小洞里,高高兴兴搬呀搬东西"的儿歌之后,号召性的哨声加之节奏感极强的音乐,一下子就抓住了观众,让观众感受到了这是一群快乐团结的小蚂蚁。伴随着强劲的音乐,一群超级可爱的小蚂蚁一个接一个地爬出来,后面孩子的小手搭着前面孩子的小腿,甩着高高的马尾辫,挺着小胸脯,撅着小屁股,灵活神气地登场了。舞蹈的动作简明形象、整齐划一,独一无二的小蚂蚁形态也成为整个舞蹈的主题动作,每个孩子都在极力夸张地表现着,观众的眼球就这样被这群朝气蓬勃的小蚂蚁牢牢地吸引住了。

模仿是幼儿舞蹈创作非常重要的创作手段之一,音乐游戏对于这万象自然中天真无邪的孩子们,是用心灵去拥抱自己喜爱的美妙世界,有着惟妙惟肖的艺术模仿能力。纵观幼儿舞蹈创作的发展历程,孩子们以模仿各种动物为艺术媒介的作品,占有相当的比例,在幼儿舞蹈的发展初期,作品总是拘泥于直观外貌的再现,使观众感到浅尝而意态不足。相比之下,《小蚂蚁》这个舞蹈就把握住了幼儿的天然属性,除了将表象的"像"和"真"作为语汇创作的主要依据外,更以透视的眼光,发掘内在的神态,其创作的动作语汇,例如:甩头摆尾、上下起伏地爬行;双臂屈肘,握拳互绕,双腿交替出胯,屈膝踏地;双手上举,小跑步等。不仅外在形貌上犹如真正的小蚂蚁,还有一种从真的小蚂蚁身上绝对找不到的那种幼儿舞蹈所特有的美,融形态、神态和情态于一体。动作虽然简明,但是十分形象,并非面面俱到,却有筋有骨、有血有肉。这些语汇在舞蹈中反复出现,营造出一种情感的诱惑力和穿透力,深化了主题,给观众留下了深刻的印象。在曹尔瑞老师的一次幼儿舞蹈创作讲座中,她也谈到创作时对蚂蚁的动态、习性等进行了细致入微的观察,也搜集了大量关于蚂蚁的故事,丰富了对蚂蚁的感性认识,并从小蚂蚁爬行时的主要特征入手,加以模仿,且反复进行加工、提炼,以此塑造一群团结勤劳、活泼可爱的小蚂蚁形象。也正是如此,舞蹈才能够更趋于生活化、幼儿化、趣味化。

《小蚂蚁》舞台调度的运用非常成功,既表现出了舞蹈编导的艺术创造思维,同时也为小蚂蚁的形象塑造提供了有效途径,当然这也离不开编导对生活的细心观察。一字形的直行路线,之字形的折行路线,大圆圈、小圆圈、扎堆式的聚拢等,整个调度合乎情理、流畅自如,巧妙地表现出小蚂蚁的爬行路线,筑巢存粮、嬉戏玩耍等动态。编导合理地运筹小蚂蚁爬行流动的路线,创设突遇刮风后众多小蚂蚁帮忙的场景,构造小蚂蚁围观加油时的静态画面,每个小演员的线路走向和需要到达的方位都非常清晰有序,也为整个幼儿舞蹈"活"起来提供了重要的依据。

幼儿舞蹈以其特有的艺术感召力,引导着孩子们幼小的心灵走向,培养孩子们的坚强意志,陶冶孩子们的道德情操。蚂蚁是小的,孩子也是小的;蚂蚁是勤劳的,我们也要培养孩子的勤劳品质;蚂蚁是勇敢的,我们也要培养孩子的勇敢意志;蚂蚁是团结的,我们也要培养孩子的团结精神。一群小蚂蚁高高兴兴搬东西,遇到不好的天气或是大个儿的东西,仍然不退缩,集体协作把东西搬回家,让我们想到了在整齐划一、朝气蓬勃的动作背后,孩子们的膝盖、手掌不知要磨破几层幼嫩的皮,而强忍疼痛之余孩子的表情却是那么天真快乐,孩子们也正是被小蚂蚁的美德感染着,小蚂蚁给予了孩子们这些积极乐观的启示。幼儿舞蹈《小蚂蚁》作品情节虽然简单,但主题鲜明、形象生动,易于被孩子理解和接受,以展示勤劳快乐的小蚂蚁形象,也展示了孩子们坚强团结的精神。理所当然,观众们对快乐、勤劳、团结的"小蚂蚁"报以极其热烈的掌声。

《小蚂蚁》以全新的艺术构思、舞蹈语汇、教育理念去构筑孩子们晶莹的童心,宣泄孩子们斑斓的童趣。"成功等于1%的灵感加99%的汗水",带有浓厚"曹尔瑞印记"的《小蚂蚁》倾注了曹老师多少心血,她用舞蹈耕耘,用汗水浇灌,用心血滋润,指导孩子们用最饱满的激情去表演,用最完美的动作去展现。正如她自己说的"平时,很少有人关注小小的蚂蚁,但当你低下头留神看时,那小东西其实活得有滋有味。它们勤劳、努力、团结、快乐,若是你猛吹一口气,把它吹得老远,它愣愣神,又朝既定目标爬去,无怨无悔。我就是一只小蚂蚁"。

五、幼儿舞蹈《我可喜欢你》

(一)作品概括

- 舞蹈形式:22名幼儿集体表演舞蹈。
- 舞蹈编导:曹尔瑞。
- 音乐作者:张晓奕。
- 舞蹈表演单位:开封市蓓蕾少儿艺术培训学校。
- 舞蹈首演:2008年河南省第三届少儿艺术节。
- 舞蹈获奖介绍:①2008年获得河南省第三届少儿艺术节一等奖;②2009年获得河南省第十届音乐舞蹈大赛金奖;③2009年获得第五届"小荷风采"全国少儿舞蹈展演金奖;④2012年获得全国群众文化政

府最高奖"群星奖"。

(二)内容简介

"我可喜欢你,你喜不喜欢我?"一句句天真烂漫的问话,一声声甜美的笑声,将爱大胆地表达。整个幼儿舞蹈用简单的对话、与观众的互动、夸张的动作、情景式的摔倒、哭泣、爬起以及希望别人喜欢的表演向我们展示孩童那份可贵的"童心、童趣",以富有浓郁地域特色的语言"可"将幼儿的可爱和真挚表达得淋漓尽致。

(三)作品赏析

孩子本身是一张白纸,他们需要我们去勾勒出一幅幅美好纯洁的作品,他们的心灵是纯净得没有任何污染的净土,她们的童心童趣是独一无二的,她们的童言无忌是独一无二的,她们的勇敢喊爱也是独一无二的,也正是因为她们活泼所以我们爱,她们简单所以我们爱,她们真实所以我们更爱。《我可喜欢你》这部作品以"我可喜欢你,你喜不喜欢我"为主线进行创编,将孩童游戏时天真的笑声、话语、歌唱以及与观众的交流巧妙地结合在一起,反映了幼儿内心的情感生活,大胆地表达了幼儿真实的心声。

我们常说艺术源于生活而高于生活,生活是所有艺术家创作的灵感所在。《我可喜欢你》这部作品同样,曹尔瑞老师曾说:"有一次,暑假结束后,我到学校去,一个小孩看到我说,曹老师,我可喜欢你。当时我就说'我也喜欢你'。要去了解小孩子的心理,小孩最怕什么?害怕别人不跟他玩。"孩子是不加修饰的,他们高兴就笑、生气就跺脚、伤心就哭泣,这些都是我们成人渐渐隐藏的真实情绪,而孩子的心理和情绪也都会直接反映到肢体动作和表情上,这部作品就是站了幼儿的角度去大胆地创作。幼儿渴望被接受,渴望被关注,渴望有朋友,所以她们以最淳朴的语言、最淳朴的动作来表达:"我的东西给你吃、我的玩具给你玩、我会和你做游戏、我的裙子很漂亮、我勇敢、我不哭"等等,以他们认为美好的事物来获得同伴的认可:"你喜不喜欢我?"整个幼儿舞蹈没有高难度的基本功,也没有华丽的服饰,有的只是孩童舞台夸张化的生活动作,不过这些就足以表达孩子们对爱的追求了。

《我可喜欢你》的幼儿舞蹈形象鲜明,通过对孩子生活的观察整合,加上编导的艺术加工,将简单的舞蹈"单词"丰富形成幼儿舞蹈语汇,再加上孩子们天真纯洁的形象,独特的幼儿舞蹈表演情节设计和标志性的服装,保证了作品的完整性。这部作品主题动作的上身动作是胳膊平举,双手合在胸前,右手前指,下侧腰,双臂以肩为轴画圆,身体下蹲,双手抱左腿;下肢动作主要有小碎步、两腿分开站立、再接小碎步。这些舞蹈元素取材于孩子的情感世界,而感情是看不见摸不着的,这就增加了幼儿舞蹈的创编难度。编导紧紧抓住孩子情感的细微外化表现,通过夸张的手法,充分调动时间、空间和力度的变换,将其演化成活泼热情的主题动作,准确地塑造出一群希望得到大家认可的小孩子形象。孩子们或扭捏或开放、或坐地而泣或仰面大笑、或上蹦下跳或静若处子,而这些无一不体现了孩子天真可爱、喜形于色的情感特征。

幼儿舞蹈从幼儿生理和心理角度考虑,往往时长较短,但在较短的时间内使幼儿舞蹈思路清晰又不失趣味并非易事。舞蹈的开篇处在孩子欢声笑语中直接交代主题"我可喜欢你,你喜不喜欢我";中间发展部分层层递进,从习以为常的吃、玩上升到体现精神层面的摔倒了爬起来的勇敢,再从社会交际中亲人之间的感情最后延伸至现场的观众交流,充分表达了孩子希望得到同伴、亲人及他人关注的需求,层层递进式的表现手法将其推向了高潮。另外,这部作品的结尾"当人们对重复叠加的音乐和动作产生审美疲劳之际音乐突然静止,这时一个孩子快速从队伍中跑到舞台中央,带着稚嫩的语言扭捏害羞地问:你喜欢我吗?然后迅速下台结束舞蹈",这是画龙点睛的一笔,以一个演员的单独表演和集体表演形成鲜明对比,前后呼应,使这个幼儿舞蹈别具风味。

舞蹈和音乐是密不可分的,音乐是舞蹈声响化的体现,舞蹈是音乐形象化的体现。这部作品就是通过剪切音乐、儿歌和揉入语言的方式来组织音乐的。整个作品的音乐简单明了,直抒胸臆,比如舞蹈开始以一段孩子的笑声引题,并用"我可喜欢你,你喜不喜欢我"的语言层层深入,特别是一个孩子摔倒的时候,一个感叹词"呀",使得全场观众的眼光都聚焦在那个摔倒的孩子身上,而这些声响在整个舞蹈表现中起到了至关重要的作用。

幼儿舞蹈是幼儿生活的艺术升华,是用来反映幼儿生活和情感的外在表现方式。幼儿的世界是绚丽多彩的,是充满幻想的,是纯洁美丽的,《我可喜欢你》这部作品把人与人之间的关系简单化,简单到单纯的喜欢或不喜欢,编导把幼儿的语言和幼儿舞蹈动作巧妙结合将孩子纯净的心表现得十分透彻。

第二节　全国幼儿舞蹈大赛金奖作品鉴赏

一、幼儿舞蹈作品《向前冲》

(一)作品概括

- 舞蹈形式:13名幼儿集体表演舞蹈。
- 舞蹈编导:方琨,陈伟。
- 音乐作者:梁泊君。
- 舞蹈表演单位:安徽省淮南市田家庵区第二幼儿园。
- 舞蹈首演:2000年天津国际少年儿童文化艺术节。
- 舞蹈获奖介绍:①2000年天津国际少年儿童文化艺术节金奖;②2000年获得第二届"小荷风采"全国少儿舞蹈大赛金奖;③2001年参加建党80周年庆典"盛世华章"全国舞蹈精品晚会唯一的幼儿节目。

(二)编导简介

方琨,幼儿舞蹈编导,安徽省淮南市田家庵区第二幼儿园教师,代表作品《向前冲》《我的小把戏》等。

陈伟,幼儿舞蹈编导,安徽省淮南市田家庵区第二幼儿园教师,代表作品《向前冲》《花儿》《扇舞童心》《我和小狗来唱歌》等。

(三)内容简介

一群孩子昂首挺胸,满脸锐气,随着欢快热烈、铿锵有力的音乐,以夸张的造型动作,生活化的童趣场面,表现出"再大的挫折也能战胜,再大的困难也敢向前冲"的精神,淋漓尽致地展示了孩子们纯真稚嫩、不甘示弱的风采。

(四)作品赏析

一群可爱的孩子,身穿军队特色的服装,如一团团红色的火焰,高举着旗帜,呼喊着口号,随着欢快热烈的音乐,用她们动感夸张的动作,舞着"冲"上了舞台,出乎意料地赢得了观众的一片喝彩和掌声。《向前冲》的主题动作仅有一个八拍,孩子们"甩开双臂、冲步向前、跺脚单腿转身、蹲跳踢出右腿",动作的摆幅很大,力度很强,跳出了孩子生活中的夸张形态和威武气质,在视觉上突出行进感,蕴含着勇往直前的气势,很率真很形象地反映了童心和童趣,加之欢快热烈、铿锵有力的节奏,动作、音乐和情绪浑然一体,迸发出催人奋进、激越昂扬的冲击力,也成为贯穿作品始终的精髓、支柱与主干。

《向前冲》采用一段体的结构体式,快板节奏一快到底,以"向前冲"的情绪一"冲"到底。舞蹈形象地反映了幼儿夸张率真的性格特征,以"冲"为动机,由"冲"中流泻出的勇敢向前、果断向前、坚毅向前的情绪贯穿作品的始终。小朋友们在女班长的带领下,齐声喊着"一不怕苦,二不怕累,锻炼身体,保卫祖国"的口号,反复出现的主题动作、挥拳跺脚的造型呼喊、相互格斗时的虎视眈眈,其一招一式的做派无不透露一股出格的"精气神",都显示出一味向前的饱满情绪。舞蹈编导之所以能将作品的情绪把握得非常到位,还在于抓住了孩子们争强好胜的心理特征,单手劈砖块和格斗打败对方的细节,使这种情绪又进一步升华到"力"的聚焦,一群孩子昂首挺胸,满脸锐气,个个如同常胜将军,饱含着智者、胜者、勇者的自信心,本是稚气喜人的孩子,加之"一本正经"的表演,舞蹈就越显孩提心趣,淋漓尽致地揭示出孩子们纯真稚嫩、不甘示弱的精神风采。

为幼儿编排舞蹈节目,必须充分地考虑到孩子们的理解能力和接受能力,这也是由幼儿的智能和体能决定的。符合幼儿的年龄特点,才能营造出幼儿最佳的表现状态,更好地突出作品的表现力。每个孩子都会有一种"军人情结",《向前冲》的创作灵感也正是源自幼儿"学做解放军"的游戏;舞蹈的创意得到孩子们的认同之后,驾驭能力就成为其创作的艰难门槛。舞蹈的选材决定了这是一个"大运动量"的幼儿舞蹈,那如何把握孩子的生理承受能力和表演实践能力的平衡点就是重中之重了,最后以它短小、精悍的艺术品格,占领了"制高点",整个幼儿舞蹈一气呵成,如若一股强劲的急旋风,席卷而来,翻然而去,孩子们的表演更是形神兼备,一派所向披靡的精神风采。

从"小荷才露尖尖角"到"百花齐放春满园",这支布满生趣的小队伍不仅"冲"出了亮点,冲向了一个个新的台阶,淮南幼儿舞蹈已经成为安徽省继"黄梅戏""花鼓灯"之后的第三大特色文艺。更为重要的是,舞蹈编导寻找到了幼儿舞蹈最根本的支撑点——童心和童趣,《向前冲》成为中国幼儿舞蹈发展历程中里程碑式的作品,仿佛一道霞光,照亮了幼儿舞蹈界的天空。

二、幼儿舞蹈《我是解放军》

(一) 作品概括

- 舞蹈形式:12 名幼儿集体表演舞蹈。
- 舞蹈编导:蒋立秋等深圳市机关第二幼儿园集体创作。
- 舞蹈表演单位:深圳市机关第二幼儿园。
- 舞蹈首演:2000 年第二届"小荷风采"全国少儿舞蹈展演。
- 舞蹈获奖介绍:①2000 年获得第二届小荷风采全国少儿舞蹈展演金奖;②2000 年广东省第五届少儿艺术花会金奖。

(二) 编导简介

蒋立秋,男,舞蹈编导,曾荣获文化部群文战线最高奖群星奖,舞蹈最高专家奖荷花奖,文化部全国专业舞蹈大赛优秀舞蹈编导奖,全国四进社区展演精品展演金奖等。代表作品有《军训前夜》《我是解放军》《福娃之梦》等。

(三) 内容简介

依据孩子们贪玩的特点,午休时不睡觉,扮成解放军玩打仗的游戏,一会儿射击,一会儿格斗,一会儿跃起冲锋,一会儿躲藏隐蔽,直至累得玩不动了,才东倒西歪地入睡,梦里还说着要当解放军,真实地反映出孩子们一颗纯净的童心和质朴的童趣。

(四) 作品赏析

幼儿舞蹈《我是解放军》围绕着一群男孩子梦想成为解放军的主题而展开,依据孩子们贪玩的特点,午休时不睡觉,扮成解放军玩打仗的游戏,一会儿射击,一会儿格斗,一会儿跃起冲锋,一会儿躲藏隐蔽,直至累得玩不动了,才东倒西歪地入睡,梦里还说着要当解放军。这一主题一方面真实地反映出孩子们一颗纯净的童心和质朴的童趣,另一方面也体现了舞蹈编导自身的精神内涵和价值取向。

幼儿舞蹈作品有的重在情节的叙述,有的重在意境的营造,也有的重在情感的表达,这部作品就是重在情感的表达,沿着孩子"想当解放军"的情感主线进行艺术加工。舞蹈以孩子的思维方式和独特的表现方式展开,开篇以男孩子们聚在一起的造型和画外音相结合:今天我们做游戏,解放军打鬼子,谁当鬼子?(个个都不愿意)谁当解放军?(个个争着做),这种舞蹈表现方法,既是幼儿生活的真实写照又是幼儿生活的艺术升华。接着,舞蹈以射击为核心逐步展开,通过幼儿模仿解放军的训练动作来表达长大想当解放军的愿望,动作有力,调度自如,时而模仿训练时的起立敬礼,时而模仿实战时的匍匐前进,时而模仿防御敌人的翻滚动作和射击突击,神情真切,让整个幼儿舞蹈在紧张中有序、对峙中有乐。演员们打得认真,玩得痛快,演得可爱,一本正经的表演既让人忍俊不禁,又不得不让人佩服小小男子汉的英勇善战、矫捷灵活。

幼儿舞蹈追求天真童趣、活泼可爱,所以在幼儿作品中常见道具的配合,而道具的选择把握也能成为幼儿舞蹈的闪光点。幼儿舞蹈《我是解放军》就巧于运用了男孩子最喜欢的冲锋枪和幼儿园孩子司空见惯的凳子。人物性格特征影响着道具的选用,道具为表现人物性格特征而服务,男孩喜欢冲锋枪似乎是与生俱来的情感,因此,男孩们表演得更加自然、自如、自信。凳子在这里也起着举足轻重的作用,它将舞台的上空、中间和地面的三度空间分割开来,又将凳子组合变化,一会儿当成幻想中的障碍物,一会儿当成藏身的沙丘,一会儿又当成阵地的分割线,一会儿当成睡觉的小床,为幼儿舞蹈更好地表现男孩子争强好胜的英雄心理添枝添叶。

幼儿舞蹈的队形变化即是构图,构图的线也是表现幼儿舞蹈情绪的一种方式。舞蹈中直线条的队形变换表达男孩子刚健有力、矫捷英勇的气概;男孩端着枪突聚突散的变化又给我们营造出紧张的氛围;曲线的迂回加上男孩们生动活泼的表情衬托出训练中的欢快、活跃和轻松;复线的双排队形展现出军人战场的壮观。整个舞台构图将聚拢与散开的原则,对比与统一原则相互交融,达成了艺术美学上的和谐统一。

这部幼儿作品的音乐选材既切合幼儿的已有经验,又帮助幼儿展开丰富想象,非常符合孩童的心理,易于孩子们接受;短小流畅、富有童趣的音乐,为组织幼儿舞蹈动作、交代人物事件做了很好的铺垫,并且对于整个表演过程中表达情绪、体现性格、渲染气氛都有着重要的作用。另外,这部作品的音乐制作还有戏剧性特点,当孩子头问:"谁当鬼子?"随之一串刺耳、难听的不协和音。而问到:"那,谁当解放军?"则伴随着明亮、昂扬的协和音;画外音"谁做小队长"将舞蹈场面和舞蹈情绪推向高潮,音乐感染着小演员们全身心地投入到场景中去,用稚嫩却不失气势的表演打动着观众。

幼儿舞蹈作品有一个好的结尾,就可以起到画龙点睛的作用,这部作品于结尾处采用电影情节式的表现手段,使之前后呼应,再次点明主题。一群孩子疲惫不堪,东倒西歪睡觉时,一个小朋友兴高采烈地带上解放军帽子,拉着五星红旗,手持玩具枪高高地站在小椅子上,以庄严郑重的敬礼姿态亮相结束,强烈地表达了长大要当解放军的愿望,从而使"我是解放军"的命题得以更形象、更集中的体现。

三、幼儿舞蹈《我的偶像》

(一) 作品概括

- 舞蹈形式:30 名幼儿集体表演舞蹈。
- 舞蹈编导:周旭光。
- 音乐作者:生茂,王蓉。
- 舞蹈表演单位:浙江周旭光舞蹈工作室。
- 舞蹈首演:2007 第四届"小荷风采"全国少儿舞蹈展演。
- 舞蹈获奖介绍:①2007 年获得第四届"小荷风采"全国少儿舞蹈展演金奖;②2007 年获得"魅力校园"全国校园文艺会演暨第八届全国校园春节联欢晚会演出金奖。

(二) 编导简介

周旭光,幼儿舞蹈编导,义乌市机关第二幼儿园教师,中国舞蹈家协会注册舞蹈教师,代表作《我的偶像》《睡前三分钟》《为我鼓掌》等。

(三) 内容简介

一个稚嫩可爱的小女孩站在舞台中央,一幅幅地翻动着明星的画像,翻到最后一幅,竟是久违了的雷锋画像,全场响起雷鸣般的掌声。孩子们用稚嫩夸张的"忠字舞"语汇表现了上世纪风靡神州的雷锋精神,用"雷锋精神"鼓舞人心,将"雷锋精神"代代相传,用全新的方式解读雷锋精神这一老题材,让人在享受幼儿舞蹈快乐的同时生腾出更多的感动。

(四) 作品赏析

"学习雷锋好榜样,忠于革命忠于党,爱憎分明不忘本,立场坚定斗志强。"雷锋这个名字,曾经是一个时代的精神标杆,唱雷锋,学雷锋,做雷锋,雷锋精神无论是过去、今天还是将来都应该是我们矢志不移的追求。"人的生命是有限的,但为人民服务是无限的。我要把有限的生命,投入到无限的为人民服务之中去。"雷锋的话已经成为我们这个时代精神文明的同义语。《我的偶像》最为突出的特点就是立意深刻,用全新的方式解读雷锋精神这一老题材,全心全意为人民服务,干一行爱一行钻一行的敬业精神,对同志、对群众像春天般温暖,舍己为人、助人为乐的精神,而现今的孩子可能难以体会时代塑造的这些可贵精神。《我的偶像》更多的是进行一种引导,生活在现时代的孩子,物质文明和精神文明飞跃式的发展,给孩子带来丰厚资源和信息的同时,也会让孩子在成长的过程中容易迷失方向,因此让孩子们懂得偶像的真正意义并懂得欣赏自己的偶像,树立正确的人生观、价值观具有非常重要的意义。用"雷锋精神"鼓舞人心,将"雷锋精神"代代相传,让孩子们从小就懂得像雷锋叔叔那样全心全意为人民服务,伸出双手用我们的爱把世界变得更温暖、更阳光!

《我的偶像》的另一特别之处在于简单干净的主题动作,舞蹈编导采用了"忠字舞"的元素,其特点是大多采取象形表意、图解化的表现手法,舞蹈者全身心地表现着精神的信仰,充溢着庄严感,情绪激昂,动作虽然单调机械,但是有着非常鲜明的时代烙印。那一群可爱的小朋友用稚嫩的声音高歌着久久传唱的"学习雷锋好榜样,忠于革命忠于党,爱憎分明不忘本,立场坚定斗志强……",穿着有时代特征的白衬衣蓝裤子,戴着红领巾,扎着小辫子,精神抖擞地走上舞台,非常有力地挥动着双臂,脚下走着十字步伐,时而单腿的脚尖跳跃,另一条腿则不断后踢,时而双手一拍,胳膊向斜前方、斜后方一伸,夸张而有力,一副"忠于革命忠于党"的样子,让我们深切地感受到雷锋精神并没有远去,它已经在祖国的花朵心中生根发芽,并将永远传承下去。这群演员们年龄很小,但却是一本正经、卖力而天真地表演着,童心童趣跃然于舞台上,使得这个作品格外的可爱迷人,在尽情的欢乐中展现出雷锋精神感染下的社会主义新风尚。同时,舞蹈编导也加入部分生活中乐于助人的片段,并进行细腻而新颖的处理,深化了幼儿舞蹈作品的主题,创意独到并寓教童心。

提起雷锋,我们就联想到歌曲《学习雷锋好榜样》,这首经典的歌曲以其特有的旋律和激情,教育和激励了几代中国人。《学习雷锋好榜样》是由作曲生茂、作词洪源共同创作的歌曲,歌曲激昂振奋,铿锵有力,在20世纪50年代末60年代初有着很深的影响力,其魅力亦不会因为时代的变迁而消减。王蓉的翻版又融合了更多新鲜元素,如说唱歌词、维吾尔族风格的音乐元素以及歌手两岁时唱《学习雷锋好榜样》的录音等,节奏感强,更具活力,活泼俏皮的风格令人耳目一新,激发了所有观众的满腔热情,享受幼儿舞蹈快乐的同时生腾出更多的感动。

一个主题深刻的幼儿舞蹈作品可以影响到孩子一生的追求和信仰,《我的偶像》这个短短3分钟的小节目,真实鲜活地把握住了孩童心气,充分体现出作品对当代的关照,弘扬了社会的主旋律,具有与时俱进的时代意义,将孩子的天真烂漫和崇高的理想信念融为一体,如同一朵可爱的小花,在幼儿舞蹈的百花园中散发着宜人的清香。

四、幼儿舞蹈《唠啵唠啵唠》

(一)作品概括

- 舞蹈形式:16名幼儿集体舞蹈。
- 舞蹈编导:李贝贝,姜螺瑶。
- 音乐作者:李贝贝,姜螺瑶。
- 舞蹈表演单位:安徽省淮南市市直机关幼儿园。
- 舞蹈首演:2011年第六届"小荷风采"全国少儿舞蹈展演。
- 舞蹈获奖介绍:①2011年获得第六届小荷风采全国少儿舞蹈展演"小荷之星"奖;②2011年获得第二届华东六省一市少儿舞蹈精品展演评委会表演特别奖。

(二)编导简介

李贝贝,幼儿舞蹈编导,安徽省淮南市市直机关幼儿园教师,代表作《唠啵唠啵唠》《笑笑笑》。

姜螺瑶,幼儿舞蹈编导,安徽省淮南市市直机关幼儿园教师,代表作《唠啵唠啵唠》《快乐童年》。

(三)内容简介

"爸爸妈妈总是唠啵唠啵唠,都是为了你……"孩子说:"我什么都听你的,我怎么能够比你强……"伴随儿歌《唠啵唠啵唠》的响起,一群穿着红色蓬蓬裙的小精灵,瞬间欢腾了起来。踢脚、打滚、侧翻……一串动作浑然一体。她们用幼儿舞蹈表达着心中的渴望,希望爸爸、妈妈放开双手,让自己快乐成长。

(四) 作品赏析

《嘚啵嘚啵嘚》的选材新颖特别,舞蹈编导遵循着幼儿舞蹈创作规律,通过音乐渲染、肢体动作、面部表情等来诠释舞蹈,反映了孩子们渴望自由成长的主题思想。幼儿舞蹈欢快的音乐,渲染出一份活泼、轻松的氛围,孩子们轻快稚嫩的步伐,扣动着每一位爸爸妈妈的心弦,对于家庭教育有着重要的意义。

爱是孩子们生存、成长的土壤,可能每一位父母都会说"我很爱自己的孩子"。但是,你每天在责备他、埋怨他、训斥他,更多的时候你在对孩子说要怎样,不要怎样,你对孩子的期望值很高,并不断地以一个成人的角度误解孩子等等,这些都是"爱"吗? 孩子们纯粹按照父母的安排学习与生活,就会没有自我,就没有自我实现的可能,更无所谓成功可言。幼儿舞蹈《嘚啵嘚啵嘚》引发了所有当父母的自我审视,也告诫天下所有的父母,给孩子们足够自由的空间,以爱的情感去唤醒幼儿成长的积极性,用平等的关系来激发幼儿创造热情。如果我们真的懂得爱孩子,就给孩子们更多的自由,就让孩子成为他自己,孩子在获得爱和尊重的同时,一定会用生命的大部分精力用来创造和实现自我,这才是生命的本能和法则,这才是真正的"爱"。

幼儿舞蹈作品要从音乐风格上吸引孩子,这样孩子就会沉浸在音乐世界里,情不自禁地手舞足蹈,同时让孩子们了解音乐和幼儿舞蹈所要表达的思想,让他们展开想象自由发挥,舞蹈编导者的灵感也会在与孩子嬉戏和沟通中萌发。幼儿舞蹈《嘚啵嘚啵嘚》的音乐为舞蹈编导所作,节奏欢快,旋律动听,与舞蹈贴合紧密,这也源于舞蹈编导对幼儿特点和舞蹈主题的深切把握。另外,儿歌部分也充分表明了孩子对家长每天絮絮叨叨的叮嘱的抵触与强烈想证明自己、表达自己的意愿,真实地说出了孩子们的心声"如果我什么都听你的,长大怎么才会比你强",孩子的潜力是无限的,让孩子自由快乐地成长才是真正的爱。欢快、活泼、俏皮的舞蹈音乐和孩子们的可爱至极的表演,我们家长在被孩子们的舞姿所感染的那一刻,也要深深地反思一下了。

肢体动作是舞蹈表现的手段,舞蹈中孩子们形象的撒娇,坐地摆腿动作、气愤的跺脚叉腰动作、前倾后仰动作、矛盾纠结的翻滚动作等,无不体现着幼儿的童心童趣;舞蹈语言中也插入了部分戏剧性的表演成分,如表现爸爸对孩子的教导、妈妈对孩子的叮嘱等,生活化的肢体语言经过提炼升华后,成为生动的舞台语言,将孩子们渴望爸爸妈妈对自己放手、放心表达得淋漓尽致;舞蹈中孩子们的表情更是夸张多变,哇哇大哭表示伤心,撅嘴蹙眉表示生气,喜笑颜开表示快乐……夸张可爱的舞蹈动作加上俏皮的表情,使整个幼儿舞蹈作品更加丰富完美。

幼儿舞蹈《嘚啵嘚啵嘚》的构图也是作品情感抒发的方式之一,如直线的坚定果断、穿插的出人意料、圆圈的婉转柔和以及富有层次感的画面编排等,都在幼儿舞蹈主题表现中起到至关重要的作用;戏剧化表演部分的对立阵势,如整体分为两大组的对立,两个孩子单独站出来对立和分成多个双人组的对立姿态,更是让我们看到了孩子们强烈的抵触情绪。

幼儿舞蹈服装作为角色外部造型的重要组成部分,本身具有很高的审美价值。幼儿舞蹈除需要语汇、音乐、构图等要素外,还需要服装等与之密切相关的要素来配合,才能达到更好的效果。《嘚啵嘚啵嘚》舞蹈中的蓬蓬裙衬托出孩子们的可爱活泼,突出和加强了幼儿用来表现自己的形象、手势、舞姿和动作线条的目的,孩子们那红色热烈明朗的蓬蓬裙充分展示孩子们天真调皮的性格和强烈的愿望。舞台上一朵朵红色的小花,令人赏心悦目,喜爱有加,对于表现故事情节,刻画人物形象等具有重要的价值。

✦ 第三节　全国少儿舞蹈大赛获奖作品鉴赏

一、少儿舞蹈《枣妮》

(一) 作品概括

舞蹈形式:24 名女孩集体表演。

舞蹈编导：马斌。

表演单位：郑州市纬五路第一小学。

首演时间：2013年第七届"小荷风采"全国少儿舞蹈展演。

获奖介绍：2013年获得第七届"小荷风采"全国少儿舞蹈展演"小荷之星"、最佳编导奖(图5-4)。

图5-4　少儿舞蹈《枣妮》，舞蹈编导：马斌

（二）编导简介

马斌，男，艺术学硕士，中国舞蹈家协会会员，河南省舞蹈编导委员会副秘书长，郑州大学西亚斯国际学院舞蹈教研室主任。代表作品有《红灯随想》《青山绿水间》《枣妮》《我们的足球梦》《梦娃》等。

（三）内容简介

该作品是以河南新郑的枣文化为题材，通过河南的小妮儿们的打枣、戏枣、丰收的场面，反映出河南小妮儿的爽朗、直率的性格。这部作品具有很强的地域特色，既是地域文化的再现，又是儿童视角下劳动场面舞蹈化的呈现。

二、少儿舞蹈《梦娃》

（一）作品概括

舞蹈形式：25名女孩集体表演。

舞蹈编导：马斌。

音乐作曲：马斌，苏俊文。

表演单位：郑州市纬五路第二小学

首演时间：2017年第九届"小荷风采"全国少儿舞蹈展演

获奖介绍：2017年获得第九届"小荷风采"全国少儿舞蹈展演"小荷新秀"(图5-5)。

（二）编导简介

马斌，男，艺术学硕士，中国舞蹈家协会会员，河南省舞蹈编导委员会副秘书长，郑州大学西亚斯国际学院舞蹈教研室主任。代表作品有《红灯随想》《青山绿水间》《枣妮》《我们的足球梦》《梦娃》等。

（三）内容简介

该舞蹈作品是以大型公益广告中的"梦娃"形象为原型进行编创，从"国是家、善作魂、勤为本、俭养德、诚立身、孝当先、和为贵"7个方面，对社会主义核心价值观进行生动解读。

图 5-5　少儿舞蹈《梦娃》,舞蹈编导:马斌

三、少儿舞蹈《我们的足球梦》

(一) 作品概括

舞蹈形式:24 名男孩集体表演。

舞蹈编导:马斌。

表演单位:郑州市纬五路第一小学。

首演时间:2015 年第八届"小荷风采"全国少儿舞蹈展演。

获奖介绍:2015 年获得第八届"小荷风采"全国少儿舞蹈展演"小荷新秀"、优秀编导奖(图 5-6)。

图 5-6　少儿舞蹈《我们的足球梦》,舞蹈编导:马斌

(二) 编导简介

马斌,男,艺术学硕士,中国舞蹈家协会会员,河南省舞蹈编导委员会副秘书长,郑州大学西亚斯国际学院舞蹈教研室主任。代表作品有《红灯随想》《青山绿水间》《枣妮》《我们的足球梦》《梦娃》等。

(三) 内容简介

伴随着一声训练场上的哨声响起,一群怀揣着足球梦想的男孩子们在训练场上操练了起来,颠球、传球、踢球的动作潇洒自如,一会儿两个人搭伴训练,一会模拟球赛,中途跑来了一个没有球衣,却很想加入这个团队的男孩,在大家的帮助下,他拥有了自己的球衣,体现了新时期下,我国少年儿童团结有爱,互帮互助的品德,以及努力拼搏、永不服输的精神,也是孩子们足球梦与中国梦的具体体现。

本章习题

1. 幼儿舞蹈《下雪了,真滑》的动作特点是什么?

2. 幼儿舞蹈《宝宝会走了》是如何突出"童心"和"童趣"特点的?

3. 幼儿舞蹈《向前冲》的结构是什么? 作品主题动作是哪个?

4. 幼儿舞蹈《我是解放军》是如何进行空间处理的?

5. 分析幼儿舞蹈《小蚂蚁》的动作语汇。其动作特点和风格分别是什么?

6. 谈谈幼儿舞蹈《我的偶像》的创作背景和现实意义。

7. 幼儿舞蹈《嘚啵嘚啵嘚》的结构是什么? 分析各个段落的情绪特点。

8. 试述幼儿舞蹈《我可喜欢你》的创作特色。

参考文献

［1］吴晓邦. 新舞蹈艺术概论[M]. 北京：中国戏剧出版社，1982

［2］胡尔岩. 舞蹈创作心理学[M]. 北京：中国戏剧出版社，1998

［3］平心. 舞蹈心理学[M]. 北京：高等教育出版社，2004

［4］吕艺生，朱清渊. 舞蹈[M]. 北京：高等教育出版社，1994

［5］于平. 舞蹈写作教程[M]. 北京：中国戏剧出版社，1994

［6］隆荫培，徐尔充. 舞蹈艺术概论[M]. 上海：上海音乐出版社，1997

［7］[法]卡琳娜·伐纳. 舞蹈创编法[M]. 郑慧慧译. 上海：上海音乐出版社，1998

［8］欧建平. 人体魔术舞蹈[M]. 北京：中国美术学院出版社，1994

［9］金秋. 舞蹈编导学[M]. 北京：高等教育出版社，2006

［10］吕艺生. 舞蹈教育学[M]. 上海：上海音乐出版社，2000

［11］张春河. 校园舞蹈编导学概论[M]. 北京：中国文联出版社，2008

［12］[美]克莱尔·格罗姆. 心理学家看儿童艺术[M]. 石孟磊，俞涛，邹丹译. 北京：世界图书出版公司，2010

［13］[英]鲁道夫·谢弗. 儿童心理学[M]. 王莉译. 北京：电子工业出版社，2010

［14］[美]芭巴拉·荷伯豪斯，李·汉森. 儿童早期艺术创造性教育[M]. 邓琪颖译. 南宁：广西美术出版社，2009

［15］张春河，卢新宇. 少儿舞蹈创编[M]. 北京：中国环境科学出版社，2004

［16］刘雪涛等. 谈谈幼儿舞蹈教育对幼儿心理健康成长的帮助[J]. 青年文学家，2010，(13)：34

［17］[英]格雷厄姆·沃尔特斯. 舞台灯光[M]. 许彤译. 北京：中国纺织出版社，2000

［18］肖灵. 以形渲情 舞美造境——谈舞台美术对舞蹈的渗补作用[J]. 民族艺术研究，2001，(6)：58～60

［19］韩洪涛等. 谢尔盖·普罗科菲耶夫和他的《彼得与狼》[J]. 飞天，2010，(10)：75

图书在版编目(CIP)数据

幼儿舞蹈创作实用教程/张春河主编.—2版.—上海:复旦大学出版社,
2017.11(2022.8重印)
普通高等学校学前教育专业系列教材
ISBN 978-7-309-13324-0

Ⅰ.幼…　Ⅱ.张…　Ⅲ.学前教育-儿童舞蹈-幼儿师范学校-教材　Ⅳ.G613.5

中国版本图书馆CIP数据核字(2017)第256209号

幼儿舞蹈创作实用教程(第二版)
张春河　主编
责任编辑/傅淑娟

复旦大学出版社有限公司出版发行
上海市国权路579号　邮编:200433
网址:fupnet@ fudanpress.com　http://www.fudanpress.com
门市零售:86-21-65102580　　团体订购:86-21-65104505
出版部电话:86-21-65642845
江苏句容市排印厂

开本890×1240　1/16　印张8.75　字数263千
2017年11月第2版
2022年8月第2版第5次印刷

ISBN 978-7-309-13324-0/G·1775
定价:33.00元